LANA ATAKISIEVA

NACHTSCHICHT IN NEUKÖLLN

EINE POLIZISTIN ERZÄHLT

hanserblau

EDITORISCHE NOTIZ

Die Geschehnisse und die Polizeieinsätze, die ich in diesem Buch schildere, habe ich erlebt. Allerdings habe ich in meinen Erzählungen Details wie Altersangaben oder Orte verändert, um die Bürgerinnen und Bürger, die mir begegnet sind, zu schützen. Auch die Namen meiner Freundinnen und Freunde sowie Kolleginnen und Kollegen wurden geändert und Prozesse stellenweise verkürzt.

Der hier vorliegende Text bildet nicht die Meinung der Polizei ab sondern der Privatperson Lana Atakisieva.

Der Text enthält diskriminierendes Vokabular im Kontext der handelnden Personen, spiegelt jedoch nicht die Meinung der Autorin oder des Verlags wider.

1. Auflage 2021
ISBN 978-3-446-27114-2

Unter Mitarbeit von Friederike Brost
Umschlag: ZERO Werbeagentur, München
Foto: Lana Atakisieva, 2021 © Paula Winkler
Satz: Sandra Hacke, Dachau
Druck und Bindung: CPI books GmbH, Leck
Printed in Germany

FSC
www.fsc.org
MIX
Papier aus verantwortungsvollen Quellen
FSC® C083411

Für meine Eltern und
meine Schwester Sevana

INHALT

PROLOG

»Wir kommen jetzt rein«, sagt Ferhat. Er klingt sehr entschieden. Tobias, Sema und Julian tauschen Blicke aus. »Achte auf das Mädel in der Küche«, flüstert Tobias mir ins Ohr, und dann gehen wir rein.

Jetzt sehe ich sie. Sechzehn oder siebzehn, ein zartes Gesicht, kein Kopftuch auf den schwarzen Haaren. Das verwundert mich nicht, die Familie hat nicht mit Besuch gerechnet, schon gar nicht mit fünf Polizistinnen und Polizisten. Der Vater wollte uns erst gar nicht reinlassen, weil seine Frau und Tochter ihre Köpfe nicht bedeckt hielten, wie es sich eigentlich gehört, wenn fremde Männer sie sehen. Er hat uns auch gebeten, die Schuhe auszuziehen, so ist es in vielen muslimischen Haushalten, um den Boden, auf dem gebetet wird, sauber zu halten. Wir müssen unsere Stiefel allerdings anbehalten, um jederzeit einsatzbereit zu sein.

Das Mädchen verschwindet fast hinter dem breiten Rücken des Vaters und gibt keinen Ton von sich. Aber ich sehe ihre Augen und bin sofort alarmiert – die pure Angst. Sie sieht aus, als würde sie im nächsten Moment umkippen. Ihr Vater steht vor ihr wie eine Mauer.

»Wir möchten gerne kurz mit Ihrer Tochter sprechen«, sage ich.

»Warum? Ihr geht es gut. Ich verstehe nicht, was das soll.« Maximale Härte liegt plötzlich in seiner Stimme.

Doch die junge Frau, die den Notruf gewählt hat, hat dem Kollegen gesagt, sie fürchte um ihr Leben – und jetzt sind wir hier, um unseren Job zu machen.

»Wir möchten uns einfach vergewissern, dass alles in Ordnung ist«, erkläre ich dem Mann, der in T-Shirt und Pluderhose vor mir steht. Mir fällt ein, dass ich ihn erst letztens gesehen habe. Er war einer der Beteiligten eines Verkehrsunfalls, den ich aufgenommen habe. Nach einigen Jahren auf diesem Abschnitt sehe ich oft Gesichter, die ich schon kenne, Menschen, denen ich bereits begegnet bin. Er spricht perfekt Deutsch.

Die Kollegen unterhalten sich mit ihm. Sema schließt die Küchentür und lächelt das Mädchen an, wir setzen uns. Meine türkische Kollegin hat warme braune Augen, und obwohl die Uniform, die Schutzweste, die Pistole und der Rettungsmehrzweckstock, auch Tonfa genannt, nicht gerade flauschig wirken, strahlt sie Freundlichkeit aus. Sie hat die Gabe, dass Menschen sich in ihrer Anwesenheit sicher fühlen und ihr vertrauen. Manche denken, als Polizistin müsste man übermäßig ernst und streng sein, gerade als Frau, aber das stimmt nicht. Vertrauen und Mitgefühl wirken wie ein beruhigender Zaubertrank.

»Setz dich erst mal hin«, sage ich zu dem Mädchen. »Du erzählst uns, was los ist, und wir tun unser Bestes, um dir zu helfen.«

Sie hört endlich auf zu zittern und schaut mich an. »Bitte schreiben Sie keine Anzeige gegen meinen Vater«, fleht sie.

»Das kann ich dir leider nicht versprechen, denn das hängt davon ab, was passiert ist. Wir sind hier, um dir zu helfen«, erkläre ich. »Du hängst sehr an deinen Eltern, oder?«

Sie schluchzt und nickt.

Ich stehe auf. Einer der Küchenschränke ist geöffnet. Die Gläser sind fein säuberlich nach Art und Größe geordnet. In dieser Küche liegt nirgendwo ein Staubkörnchen herum. Kurz denke ich daran, dass vermutlich die Mutter und die Tochter hier für Ordnung sorgen.

Ich nehme ein Glas, drehe den Wasserhahn auf, befülle es und stelle es vor dem Mädchen ab. Sie trinkt zwar einen Schluck, aber sie sagt nichts. Ihr Gesicht verzieht sich und sie legt eine Hand auf ihren Magen, atmet stoßweise. Es ist nicht zu übersehen, dass sie Schmerzen hat.

»Ist etwas mit deinem Magen?«, frage ich.

Sie nickt.

»Hast du das öfter?«

Sie nickt wieder.

»Warst du mal beim Arzt?«

Jetzt schüttelt sie den Kopf.

»Meine Eltern haben nie Zeit, und alleine darf ich nicht.«

Draußen vor der Küchentür höre ich die Stimmen meiner Kollegen, die beruhigend auf ihren Vater einwirken. Seine Worte verstehe ich nicht, aber sein Ärger ist nicht zu überhören. Aber ich bleibe in der Küche, ich will hier nicht weg, bevor ich weiß, warum seine Tochter so viel Angst hat.

Plötzlich sprudelt es aus ihr heraus: »Ich kann einfach nicht mehr. Ich habe gar kein Leben. Ich muss alles machen, was mein Vater sagt. Vor zwei Wochen hat er mir verboten, weiter zur Schule zu gehen.«

Sie sei eine gute Schülerin, auf dem Gymnasium in der zwölften Klasse. Biologie und Chemie seien ihre Lieblingsfächer. Wenn sie es sich aussuchen könnte, würde sie Medizin studieren. Aber nun dürfe sie nicht mal mehr das Haus ohne die Begleitung ihres Bruders verlassen. »Ich darf überhaupt nichts. Ich darf keine normale Musik hören. Nur islamische Lieder.«

Ich weiß genau, wovon sie spricht. Eine Tante von mir lebt so, sie ist nach Istanbul gezogen. Nach diesen Wertvorstellungen ist Fernsehen Sünde, Popmusik ist Sünde, und wenn sie einem Mann in die Augen schaut, dann gilt das erst recht als Sünde. Es ist der strenge Glaube und kein Kind kann sich dem entgegenstellen. Ganz egal, ob die Familie in Istanbul oder in Berlin-Neukölln lebt.

»Und was ist heute passiert, warum hast du uns angerufen?«

»Meine Mutter hat herausgefunden, dass ich Facebook und TikTok auf dem Handy habe. Sie wird es meinem Vater sagen, und dann …«, sie schluchzt verzweifelt. »Mein Vater wird mich umbringen. Wegen der Schande.«

Sema schaut mich besorgt an. Wir wissen beide, dass das Mädchen tatsächlich in Gefahr sein könnte. Eine Frau darf die Ehre der Familie nicht beschmutzen. Wenn sie es tut, kann das ihren Tod bedeuten. Bei Ehrenmorden geht es oft um Beziehungen. Aber auch dann, wenn ein Mädchen lediglich ein paar Apps auf dem Handy hat, können die Konsequenzen für sie dramatisch sein.

»Wenn du sagst, dass dein Vater dich umbringt, müssen wir dich mitnehmen. Verstehst du?«

»Aber … Ich kann doch nicht weg«, sagt das Mädchen und schaut uns verzweifelt an.

»Unter diesen Umständen können wir dich nicht hierlassen. Wir bringen dich vorübergehend zum Jugendnotdienst, dann wird das Jugendamt eingeschaltet. Da gibt es Menschen, die dir helfen werden. Wenn du hier wirklich in Gefahr bist, darfst du keinen Kontakt mehr zu deiner Familie haben.«

Sie senkt den Kopf, eine seidige Haarsträhne streift ihre Wange und eine Träne tropft auf den Küchentisch.

Ich weiß, wie groß ihr Kummer in diesem Moment sein muss, und denke daran, wie ich damals von meinen Eltern weggegangen bin – heimlich, um aus der Enge und Strenge auszubrechen. Ich denke daran zurück, wie schwer es mir gefallen ist, weil ich meine

Eltern über alles liebe. Mein Vater hätte mir nie ein Haar gekrümmt, aber ich war neunzehn und habe es nicht mehr ertragen, zu keiner Party gehen zu dürfen. Ich denke an dieses Gefühl, das ich hatte, weil für mich vieles verboten war, was für die Mädchen aus meiner Klasse ganz normal war. Nicht mal einen Freund durfte ich haben. Ich wollte einfach nur dazugehören. Damals hatte ich wirklich Angst, dass Freiheit in meinem Leben bloß ein Wort bleiben würde. Ich verstehe, was in dem Mädchen vorgeht, das mir hier gegenübersitzt, und ich lese in Semas Gesicht, dass auch sie mitfühlt.

»Mein Vater will mich verheiraten, aber dann habe ich einen Ehemann, den ich nicht liebe und alles ist genauso wie jetzt. Ich werde kein eigenes Leben haben, und ich werde nie glücklich sein. Dann bin ich zwar weg von meinen Eltern, aber was bringt mir das, wenn ich tun muss, was mein Mann sagt?«

Auch diese Gedanken kann ich nachvollziehen. So wie es momentan aussieht, werden wir das Mädchen mitnehmen müssen. Die Situation in der Wohnung lässt sich ausgesprochen schwer einschätzen.

»Was wird passieren, wenn du bleibst?«

»Ich weiß es nicht, ich habe solche Angst.«

»Und wenn wir dich mitnehmen?«

»Mein Vater wird ausrasten. Mein Bruder auch.«

Ich muss gar nicht mit meiner Kollegin reden, ein Blick genügt und ich weiß, dass wir dasselbe denken. Das Mädchen ist total verängstigt und kann ihr Problem nicht allein lösen. Damit steht unsere Entscheidung fest, wir werden sie mitnehmen und müssen darauf vorbereitet sein, dass Vater und Bruder sich dem widersetzen werden. Sema nickt mir zu und informiert die Kollegen im Flur. Wir fordern Verstärkung an. Fünf Minuten später trifft eine weitere Funkwagenbesatzung ein. »Meine Tochter, meine Tochter!«, schreit die Mutter verzweifelt. Dann wirft sie sich auf die Knie und umklammert die Beine der Siebzehnjährigen.

Die Tür des Kinderzimmers geht auf und zwei Mädchengesichter schauen mit erschrockenen Augen dabei zu, was vor sich geht. Die beiden Kleinen sind höchstens sechs Jahre alt.

»Abla, geh nicht, bitte geh nicht!« Die kleinen Schwestern weinen bitterlich und flüchten sich in die Arme ihrer Mutter. Der Vater möchte zu seiner großen Tochter, er macht einen Schritt auf uns zu, aber das können wir nicht riskieren und die Kollegen müssen ihn zurückhalten.

Ich sehe, dass auch er weint. Ich bin überrascht: Er ist nicht wütend, sondern tieftraurig. Seine Tochter, die er liebt, die jahrelang getan hat, was er von ihr verlangte, hat die Polizei gerufen. Seine Tochter ist bereit, der Familie den Rücken zu kehren. Diese Erkenntnis scheint in diesen Sekunden einzusickern. Ich kann ihm ansehen, wie groß der Schmerz ist.

Das Mädchen, ihre kleinen Schwestern und ihre Mutter umklammern einander schluchzend. Ich fühle mit dieser Familie, das Ganze ist ein furchtbares emotionales Chaos. Die Tradition von Generationen löscht man nicht mit einem Gespräch aus.

Wir reden mit dem Vater, der Mutter, dem Mädchen und schließlich vereinbaren wir, dass das Mädchen kurzfristig mit zum Jugendnotdienst kommt. Dann soll in Ruhe entschieden werden, wie es weitergeht.

Im Streifenwagen sitze ich neben ihr und spüre, dass sie wieder zittert. Wir fahren zum Polizeiabschnitt. Hier in Berlin ist das die Bezeichnung für eine Dienststelle, die man woanders Polizeiinspektion nennen würde. Ich nehme das Mädchen mit in einen separaten Raum, damit wir ein bisschen Ruhe haben. Ein Kollege kümmert sich um die Schreibarbeit und tätigt ein paar Anrufe, bevor wir uns wieder in den Wagen setzen und weiter zum Jugendnotdienst fahren. Es ist kurz nach vier am Nachmittag. Mein letzter Tagesdienst in dieser Woche, morgen habe ich Nachtschicht.

Vor uns an der Ampel röhrt ein aufgemotzter weißer AMG-Mercedes. Die Gehwege sind voller Menschen. Ein hippes junges Pärchen geht Hand in Hand vorbei an ein paar Frauen mit Kopftüchern, die Einkäufe und quengelnde Kinder nach Hause tragen. An einer Fassade voller Plakate und Graffiti lehnt mit halb geschlossenen Lidern ein Obdachloser, dem gleich die leere Wodkaflasche aus den Fingern gleitet. Wir fahren vorbei an Handyläden und einem leerstehenden Gebäude, dessen riesige Fensterfronten jetzt mit dunkler Folie verklebt sind. Am Platz vor dem Rathaus, wo wie jeden Tag Männer in Grüppchen zusammensitzen, schießen ein paar Touristinnen und Touristen Fotos.

Das Mädchen neben mir schaut aus dem Fenster, und ich bin mir nicht sicher, ob sie überhaupt etwas von dem Neuköllner Mischmasch wahrnimmt, der dieses Viertel so besonders macht. Sie sieht erschöpft aus, aber das Zittern hat aufgehört.

»Ich glaube, ich habe das Richtige getan«, sagt sie leise. »Danke, dass ihr mir geholfen habt. Ohne euch hätte ich das nicht geschafft.«

Ich lächle sie an. Ich bin froh, dass sie sich mit ihrer Entscheidung wohlfühlt. Zumindest in diesem Moment. Wie es am nächsten Tag weitergeht, weiß niemand.

»Schau mal, das ist meine Dienst-E-Mail«, sage ich. »Schreib mir, wenn du Fragen hast oder irgendein Problem, ja?« Das biete ich nicht sehr oft an, denn wir haben so viel zu tun, dass es einfach nicht möglich ist, persönlichen Kontakt zu halten. Wir sind Schutzpolizistinnen und -polizisten, wir sind häufig mit dem Funkstreifenwagen im Einsatz. Bei manchen Einsätzen ist höchste Eile geboten. In diesen Fällen fahren wir mit eingeschaltetem Blaulicht und Martinshorn zum Einsatzort. Immer wieder haben wir mit unterschiedlichen Menschen zu tun. Wir sehen sie nur für Momente oder für wenige Stunden. Was danach mit ihnen passiert, erfahren wir häufig nicht. Aber ich möchte, dass dieses Mädchen weiß, dass da jemand ist, an den sie sich wenden kann, wenn sie nicht weiterweiß.

Beim Jugendnotdienst öffnet uns ein älterer Herr und nimmt das Mädchen freundlich in Empfang. Sie wird hungrig und müde sein und er wird sich um sie kümmern. Mein Kollege und ich bleiben stehen, bis die Tür hinter den beiden ins Schloss gefallen ist.

Zurück auf dem Abschnitt wartet auf uns die Schreibarbeit, die nicht liegen bleiben sollte. An manchen Tagen sitze ich Stunden am Computer, manchmal nur Minuten, manchmal ist gar nichts zu schreiben. Man weiß nie, was die Einsätze erfordern.

»Du hattest die Situation gut im Griff, Lana«, lobt Ferhat. »Wie du mit ihr gesprochen hast! Zu meiner Tochter dürftest du nicht kommen. Die muss religiös aufwachsen.« Er zwinkert mir zu. Wir lachen. Alle wissen, dass er niemals so streng mit seinen Kindern wäre.

»Wie hast du es hingekriegt, dass das Mädchen am Ende mitgekommen ist?«, fragt Tobias.

»Ich habe ihr erzählt, wie das bei mir war, als ich in ihrem Alter war. Dass auch ich meine Eltern verlassen musste.«

Tobias sieht mich erstaunt an. Wir kennen uns noch nicht so lange, er weiß nur, dass ich aus Aserbaidschan komme, viel mehr nicht, und ich sehe ihm an, dass er auf einmal ganz viele Fragen hat.

»War es bei dir echt genauso?«

»Nicht ganz«, sage ich. »Aber meine Eltern waren auch streng, und irgendwann habe ich es da nicht mehr ausgehalten.«

1 DAS GELOBTE LAND

Als ich nach Deutschland kam, war ich gerade fünfzehn Jahre alt geworden. Es war ein strahlender Tag, an dem ich meine Heimat verließ. Das blauweiß lackierte Flugzeug schimmerte in der Sonne. Die Luft war klar und trocken, der Himmel überirdisch blau. Ich war furchtbar aufgeregt. Die erste Flugreise meines Lebens, bisher waren wir in den Ferien immer nur mit dem Bus an den Strand gefahren, zu den Wellen des Kaspischen Meeres, das nur eine Viertelstunde von unserem zu Hause entfernt lag.

Meine Mutter, meine Schwester Sevana und ich standen auf dem Rollfeld und warteten darauf, dass sich die vielen Beine vor uns die Gangway hochschoben. Sevana war sechzehn. Wir hatten uns Highheels angezogen und zu unseren Röcken Oberteile aus Samt – fein gemacht wie für eine Hochzeit, doch wir waren auf dem Weg nach Deutschland, weil unsere Mutter krank war. So krank, dass sie hier in Baku sterben würde.

»Ihr müsst jetzt für sie da sein«, hatte mein Vater gesagt, als wir uns verabschiedet haben. »In Berlin gibt es gute Ärzte, die werden ihr helfen.«

Nachdem der Zustand meiner Mutter wenige Wochen vor der Abreise erneut so dramatisch gewesen war, dass sie auf die Intensivstation verlegt werden musste, hatten meine Eltern die Entscheidung getroffen, dass meine Mutter nach Deutschland reisen müsse. Da gab es eine Bekannte, die uns besucht hatte. Eine Aserbaidschanerin, die schon in jungen Jahren nach Deutschland ausgewandert war. Sie hatte versprochen, meinen Eltern zu helfen. Alles, was sie von diesem Land erzählte, klang unheimlich verlockend. Es gäbe Menschen, die nicht arbeiteten, aber ordentlich Geld von der Regierung bekämen. Die, die arbeiten, würden außerordentlich gut verdienen. Es gäbe hervorragende Schulen. Genauso die Krankenhäuser, und Ärztinnen und Ärtze behandelten jeden, egal ob arm oder reich. Sie sprach von einem Gesundheitssystem, das die Kosten übernehme. Niemand in Deutschland müsse seinen letzten Cent für Behandlungen opfern. Dort könnte meine Mutter vielleicht geheilt werden. Und mein Vater müsste nicht mehr jeden Arztbesuch, jeden Krankenhausaufenthalt teuer bezahlen, wie es hier in Baku der Fall war, seitdem ich denken kann. Das war unsere Hoffnung.

Im Flugzeug war es angenehm kühl. Es roch nach Kunststoff und Parfüm. Eine Stewardess mit perfektem Make-up begrüßte uns lächelnd. Ich fand sie unglaublich elegant. Sie sah für mich nach großer weiter Welt aus. Es fühlte sich prickelnd an, aber nur für einen Moment. Dann stöhnte meine Mutter leise auf. »Ich muss mich setzen«, und sofort hatte ich ein schlechtes Gewissen, weil ich kurz nicht auf sie geachtet hatte.

»Gleich, Mama«, sagte ich und führte sie zu dem Sitz, auf den die Stewardess wies.

Meine Mutter hat Diabetes. Früher hatte sie als Krankenschwester gearbeitet, aber das konnte sie seit Jahren nicht mehr tun. Meine Schwester und ich wussten, dass meine Mutter Zuckerlösung trinken sollte, wenn sie sich schlecht fühlte. Wie viel, wussten wir jedoch nicht. Es gab in Baku keine Messgeräte, mit denen Mama zu Hause oder unterwegs feststellen konnte, wie hoch ihr Blutzucker war. Jedes Mal, wenn sie ihren Zucker messen wollte, musste sie zum Arzt oder ins Krankenhaus fahren. Durch die Krankheit sind ihre Augen über die Jahre immer schlechter geworden. Meine Mutter wusste, wenn sie leben wollte, musste sie endlich eine vernünftige medizinische Behandlung bekommen. Das war ihr vollkommen klar, sie hatte schließlich selbst eine medizinische Ausbildung.

Mein Vater blieb in Baku zurück, um zu arbeiten. Also war die Entscheidung gefallen, dass meine Schwester und ich gemeinsam mit Mama nach Deutschland gehen sollten. Es zählte nicht, dass wir unsere Freundinnen und Freunde und die vielen Cousinen und Cousins zurücklassen mussten. Alleine würde meine Mutter es nicht schaffen.

Mein Vater war Goldschmied und in Aserbaidschan war das ein sehr guter Beruf, schließlich wurde sehr viel geheiratet. Zur Tradition zählt dabei, dass die Gäste dem Brautpaar Goldschmuck schenken. Mein Vater hatte also ein sicheres Einkommen, es würde reichen, dachten wir; wir ahnten damals alle nicht, was uns in Deutschland wirklich erwarten würde. Die Versprechungen der Bekannten hielten meine Eltern allerdings damals schon für übertrieben.

»In Deutschland ist alles viel teurer«, hatte meine Mutter prophezeit, als wir unsere Koffer gepackt haben. »Wir werden da nichts mehr kaufen können.«

Nach sieben Stunden und einem Zwischenstopp in Istanbul stiegen wir in Berlin aus dem Flugzeug. Der Flughafen kam mir kleiner vor als der in Baku, der Himmel grauer, aber immerhin war es auch hier warm. Als wir das Flughafengebäude durch die Glastüren verließen, sah sich meine Mutter suchend um. Die Bekannte hatte versprochen, uns abzuholen. Es wimmelte von hektischen Männern in grauen Anzügen, die ihre Rollkoffer zu hellgelben Taxis zogen. Eine Frau stieg aus einem schwarzen Mercedes und winkte uns zu.

»Hallo, hier bin ich!« Unsere Abholerin Leyla. In einem eigenen Auto, und noch dazu einem Mercedes! In Baku sah man nie Frauen am Steuer. Ihr Wagen hatte sogar eine Klimaanlage. Meine Schwester und ich kniffen uns vor Freude gegenseitig in die Arme, während wir über eine Autobahn glitten wie auf Schienen, an wirklich modernen und schönen Häusern vorbeifuhren und schließlich in eine Allee einbogen, die von Villen und Bäumen gesäumt war. Das hier ist also Berlin, dachte ich. Was für eine Stadt.

»Willkommen im Grunewald«, sagte unsere Bekannte, lächelte und öffnete die Tür ihrer Wohnung.

Alles war großzügig und hell. Ihre beiden Töchter waren jünger als wir, vielleicht acht und zehn, aber sie trugen Markenjeans und hatten riesige Kinderzimmer mit Unmengen an Spielzeug. An den Wänden hingen Poster. So etwas hatten wir in Baku gar nicht. Ich musste an die kargen Wände unserer alten Wohnung denken, an den hellblauen Teddy, der so ziemlich mein einziges Spielzeug war. Wow, dachte ich. Wow. Hier war wirklich alles anders. Wir waren im gelobten Land angekommen.

»Heute melden wir euch bei der Schule an«, kündigte unsere Gastgeberin eines Morgens an. »Und dann zieht ihr in eure neue Wohnung. Ich habe was in Zehlendorf für euch gefunden.«

Wir hatten keine Ahnung, wo Zehlendorf sein könnte, wir waren schließlich erst ein paar Tage in der Stadt. Außerdem hatten wir keine Möbel, aber sie versprach, uns welche zu besorgen. Für ein bisschen Geld, sie würde tun, was sie könne. »Ihr braucht ja *alles!*«, seufzte sie, und es klang, als würde das ein Vermögen kosten.

Wir mussten auch die Medikamente für meine Mutter zahlen, meine Mutter und Leyla waren gemeinsam beim Arzt gewesen und hatten ein Rezept für Insulin bekommen. Die Bekannte hatte es in der Apotheke abgeholt. Das Präparat war zwar sehr teuer, aber seitdem Mama es spritzte, ging es ihr viel besser.

Wir wussten damals noch nicht, dass die Krankenkasse solche Kosten übernahm. Ich war erleichtert über ihren sich bessernden Zustand. Unser Leben schien sich zum Guten zu wenden, und ich hoffte, dass wir uns gut einleben würden. Aber vor einer Sache hatte ich ziemliche Angst, und das war die Schule. Ich konnte ja kein Wort Deutsch.

»Wie sollen wir bloß da hinfinden?«, fragte ich Sevana, als wir Tage später im Bus saßen. Meine Schwester zuckte genervt mit den Schultern.

»Du hast doch die Adresse, frag halt irgendjemanden«, sagte sie, obwohl sie genau wusste, dass ich die Antwort sowieso nicht verstehen würde, selbst wenn der unwahrscheinliche Fall eintreten würde, dass ich mich verständlich machen könnte.

Ich starrte auf den Zettel, den ich in der Hand hielt. *Leistikow-Oberschule. Aussteigen U-Bahn-Haltestelle Krumme Lanke!!!* Mit drei Ausrufezeichen. Die Bekannte hatte uns erzählt, dass wir auf eine Hauptschule gehen würden. Hauptschule, versteht ihr? Wie Hauptsache, das Wesentliche, das Rückgrat des deutschen Schulsystems – was richtig Gutes. Dass es in Wirklichkeit anders ist, ganz unten – das verstanden wir erst viel später.

»Guck mal, die kann uns bestimmt den Weg zeigen!«, sagte Sevana und winkte einem Mädchen zu, das uns entgegenkam. Braids, ein nettes Grinsen, ungefähr so alt wie wir.

»Äh … Schule«, sagte ich, machte ein ratloses Gesicht und hob die Hände. Das Mädchen lachte, bestimmt hatte ich etwas falsch ausgesprochen, aber sie machte ermutigende Handzeichen.

Eine ältere Frau auf dem Fahrrad überholte uns.

»Guten Morgen, Maria!«, rief sie dem Mädchen zu.

»Frau Walden. Lehrerin!«, sagte Maria erklärend. Sevana und ich schauten fasziniert zu, wie Frau Walden ihr Rad abstellte. Eine Frau auf einem Fahrrad! Sevana und ich hatten nie Radfahren gelernt. Das war nichts für Mädchen und Frauen. Sie fuhren einfach nicht Fahrrad – so kannten wir es. Einmal hatte unser Vater uns Inlineskates mitgebracht. Aus Russland. Sie machten furchtbar laute Geräusche, weil die Rollen aus ganz einfachem Plastik waren. Aber ein Fahrrad? Undenkbar.

Der Schulhof war voll, laut und chaotisch. Sevana zupfte an meinem Ärmel und flüsterte: »Hast du das gesehen?«

Ich fand alles, was ich sah, total irre. Wie diese Mädchen aussahen! Bauchfrei – und sie hatten Jeans an, die so tief auf der Hüfte saßen, dass man einfach alles sehen konnte, bei einer schaute sogar ein Stück von ihrem Spitzenhöschen hervor. In unserer alten Schule in Baku mussten wir schwarze Kleider mit weißen Schürzen tragen. Die hatten wir im Handarbeitsunterricht selbst genäht. Und jetzt das hier! Die Mädchen waren sogar geschminkt. Mit Lippenstift. Das hätte unsere Mutter uns niemals erlaubt. Wir durften uns nicht einmal die Augenbrauen zupfen. Das war nur den Verheirateten erlaubt. Schon als Kind erkannte ich auf der Straße an den Augenbrauen, ob eine Frau ledig oder verheiratet war.

In der Förderklasse, wo wir in Marias Schlepptau hinfanden, sahen die Kinder anders aus. Sie zeigten nicht ganz so viel Haut wie die deutschen Mädchen. Ein paar Jungs aus Angola im farbenprächtigen Hip-Hop-Style. Mädchen in T-Shirts mit Glitzeraufdruck, sie kamen aus Russland. Ich hörte es sofort, weil Russisch die erste Fremdsprache in unserer Schule in Baku war, ein Relikt aus der Zeit, als Aserbaidschan zur Sowjetunion gehörte. Und mittendrin saßen wir, in unseren schimmernden Samthosen aus Baku und dazu ausrangierten langärmligen Hemden, die uns unsere Gastgeberin gegeben hat, weil wir viel zu wenig warme Sachen hatten.

Sie hatte uns mit lauter ollem Kram ausstaffiert. Auch die Möbel, die wir bekommen hatten, waren wackelig und rochen muffig.

Die Bettwäsche war so alt, dass man nicht genau sagen konnte, ob das Muster rosa Blumen oder rosa Elefanten darstellen sollte. Aber unsere Mutter meinte, es würde alles entsetzlich viel kosten hier in Deutschland, wir sollten dankbar sein. Sie musste der Bekannten Hunderte von Euro geben und danach hatten wir gerade mal das Nötigste.

»Lana!« Die Lehrerin. Sie sprach ausgerechnet mich an. Ich starrte auf ihre Lippen, aber ich verstand kein Wort. Es war doch unser erster Tag! Wieso dachte sie, dass ich etwas verstehe?

Die Lehrerin legte ein Blatt mit einer Liste vor mir hin. Sevana und ich versuchten ratlos, es zu entziffern.

»Sprecht ihr Russisch?«, fragte das Mädchen neben uns. »Ich kann es euch übersetzen.«

Hefte, Taschenrechner, Pausenbrote und eine Trinkflasche, Stifte, Radiergummi, Sportsachen, Turnschuhe in einem Extra-Turnbeutel. Lauter Dinge, die wir in der Schule brauchen würden. Ich fand es erstaunlich, was da alles draufstand. Sogar frische Unterhosen für nach dem Sport wurden mit aufgelistet und sollten wir dabeihaben. Ich fragte mich, ob wir uns das alles leisten könnten, denn uns war natürlich inzwischen klar geworden, dass hier das Geld nicht auf den Bäumen wächst, aber offenbar wurde erwartet, dass wir alles kauften.

Um Viertel nach eins warteten wir mit einer Horde Schülerinnen und Schülern auf den Bus. Rückblickend war der Tag gar nicht so schlecht gewesen. Maria hatte uns die ganze Schule gezeigt. Wir hatten uns mit Englisch und Händen und Füßen verstandigt, was ziemlich lustig war.

Wir stiegen an der Mitteltür ein. Es war eng, ein paar Jungs drängelten sich unsanft an uns vorbei. Auf einmal flog ich einen halben Meter nach vorn und landete an Sevanas Rücken. Jemand hatte mich ziemlich kräftig geschubst. Ich drehte mich um. Ein kräftiges Mädchen, das etwa einen halben Kopf größer war als ich, kaute mit offenem Mund Kaugummi. Ob sie mich geschubst hatte? Ich sagte lieber nichts und hoffte, dass es ein Versehen war. Sevana und ich gingen nach oben und ließen uns auf zwei der vorderen Plätze plumpsen. Ich mochte die Aussicht in den Doppeldecker-Bussen, mit denen wir schon ein paar Mal unterwegs gewesen waren. Das Kaugummi-Mädchen hatte sich zum Glück ganz weit nach hinten zu ihren Freundinnen gesetzt, aber sie tuschelten und schauten uns grimmig an.

»Ey … du Scheiß-Ausländer«, brüllte das Kaugummi-Mädchen plötzlich. »Was glotzt du so?«

Ich verstand, dass sie mir nichts Nettes zurief. »Scheiße« hatte ich sehr schnell aufgeschnappt, alle sagten es, dauernd. Und Ausländer waren wir auf der Behörde, wo unsere Mutter mit uns zur Anmeldung gegangen war. Scheiß-Ausländer hieß nichts Gutes. Das Mädchen und ihre Freundin standen auf und kamen nach vorn.

»Raus aus Deutschland, ihr Schlampen!«, rief die Schubserin und manövrierte viel schneller, als ich es ihr in dem vollen Bus zugetraut hätte, auf uns zu. Dann schlug sie mit den flachen Händen auf mich ein. Ich hob meine Arme vors Gesicht, um die Schläge abzuwehren. Hinter mir schrie Sevana und hinter dem großen Mädchen, das auf mich eindrosch, kreischte ihre Freundin.

Auf einmal hörte die Angreiferin auf zu schlagen. Ich nahm meine Deckung runter und sah, dass eine ältere Frau das Mädchen sehr energisch am Arm gepackt hatte. Wow, dachte ich, ist die mutig! Zwei weitere Frauen waren aufgestanden und redeten lautstark auf das Mädchen ein. Die eine klang streng, die andere beruhigend. Eine andere Frau kam zu mir und fragte, ob ich okay sei. »Okay« verstand ich. Ich hatte wahnsinniges Herzklopfen und die Stelle an meiner Schulter, an der mich der erste Schlag getroffen hatte, schmerzte. Aber ich nickte. Die Frau machte trotzdem ein besorgtes Gesicht. Sie sagte einen Satz, in dem ein Wort vorkam, das ich kannte: Polizei.

Sevana und ich schüttelten den Kopf. Bloß keine Polizei, das fehlte uns noch. So viele Menschen in Baku hatten immer wieder davon geredet, dass man am besten das Weite suchen solle, wenn irgendwo Polizistinnen und Polizisten auftauchen. Ich habe nie verstanden, warum das so war, aber ich erinnerte mich deutlich an die eindringlichen Warnungen. Manchmal würden sie einen auch ins Gefängnis stecken, einfach so. Ich hatte keine Ahnung, wie das hier in Deutschland war. Ob wir nicht noch mehr Ärger bekommen würden, wenn die Polizei käme. Auf jeden Fall wollte ich nicht, dass meine Mutter mitkriegte, was hier passiert war. Sie würde sich furchtbare Sorgen um uns machen.

Ich lehnte meinen Kopf an Sevanas Schulter und weinte. In Baku hatten sie alle so ehrfürchtig über dieses wunderbar sichere Deutschland geredet, es klang, als gäbe es hier weder Gewalt noch Straftaten. Mein Vater, der als junger Sowjet-Soldat in Dresden stationiert gewesen war, schwärmte davon, dass man sogar Fahrräder einfach stehen lassen konnte, ohne sie abzuschließen. Von wegen, dachte ich. Sicherheit? Eine Illusion.

In diesen ersten Wochen in Berlin spielte sich unser Leben hauptsächlich an vier Orten ab. Da war ein Discounter, unsere Anlaufstelle nach der Schule. Dort kauften wir die günstigsten Würstchen im Glas oder Schokopudding mit Sahne und aßen sie zu Mittag, weil unsere Mutter oft zu erschöpft war, um zu kochen.

Der zweite Ort war unsere Zweizimmerwohnung in Zehlendorf.

Der dritte war natürlich die Schule. Maria wurde unsere Freundin. Wir waren froh, sie zu haben, und zum Glück waren auch die Mitschülerinnen und Mitschüler in der Förderklasse in Ordnung. Auf dem Schulhof ging es ziemlich übel her. Die Schülerinnen und Schüler aus den anderen Klassen prügelten sich dauernd. Aber wir aus der Förderklasse standen zusammen wie eine Herde Tiere, in der die Älteren den Jungtieren Schutz gewähren, und weil die Angolaner in unserer Klasse sehr muskulös und kampfbereit aussahen, wagten sich die Schlägerkids an unsere Gruppe nicht heran.

Der vierte Ort war die Wohnung von Leyla, unserer Bekannten, im Grunewald. Hauptsächlich fuhren wir hin, weil unsere Mutter uns darum bat. Sie sagte uns immer wieder, wie dankbar wir sein müssten, weil Leyla uns half. Die Besuche bei ihr waren als Verabredungen mit den Töchtern getarnt. Sie endeten jedoch zuverlässig damit, dass wir dort aufräumten. Weil es unhöflich wäre, der Bekannten diese kleine Bitte abzuschlagen.

Manchmal war Besuch bei der Bekannten, ein Freund der Familie, ein blonder Deutscher. Ich fand, er hatte ein kluges Gesicht und er war freundlich und sprach mit uns, als wären wir erwachsen. Ich bewunderte ihn. Er war ein ranghoher Polizeibeamter beim Landeskriminalamt und er machte einen solchen Eindruck auf mich, dass ich Bilder von einer Lana in Polizeiuniform vor meinem inneren Auge sah. Ich dachte damals, dass dies auf jeden Fall eine Fantasie bleiben würde, denn in der Kultur, in der ich aufgewachsen bin, wären meine Eltern und ein zukünftiger Ehemann sicher nicht damit einverstanden. Daneben würde ich als Aserbaidschanerin, die der deutschen Sprache nicht mächtig war, niemals angenommen werden.

Wenn wir abends heimkamen, machten wir unsere Hausaufgaben. Abwechselnd setzten wir uns an den Kiefernholzschreibtisch und schrieben unsere Hefte voll.

Sevanas Ding war das nicht. Sie zeichnete für ihr Leben gern, sie wollte unbedingt Mode entwerfen. Die Ränder ihrer Schreibhefte waren voller Zeichnungen von grazilen Models in unterschiedlichen Outfits. Models mit ovalen Gesichtern, riesigen Augen und Lippen, die wunderschön geschminkt waren. Das war es, was meine Schwester interessierte, aber es gelang mir trotzdem, sie zum Lernen zu überreden. Wir beide wollten gute Schülerinnen sein, um unseren Vater, der in Baku hart für uns arbeitete, stolz zu machen.

Das Lernen an sich fand ich nicht sonderlich schwierig. Ich wusste, dass wir nur so später eine Chance haben würden, wenn wir unser eigenes Geld verdienen müssten. Außerdem war ich an harte Büffelei gewöhnt. In Baku hatten wir von morgens bis spätabends zu tun: Hausaufgaben, Musikschule, Klavier üben.

Meine Mutter, die selbst in einer bitterarmen Bauernfamilie mit fünf jüngeren Schwestern aufgewachsen war, setzte alles daran, dass es uns mal besser gehen würde. Wir sollten Klavierlehrerinnen werden. Wir paukten also Deutsch, Englisch, Mathe in unserer Zehlendorfer Wohnung und lernten nach und nach, wie das Leben in Deutschland funktionierte. Wir verstanden, dass ein besserer Schulabschluss uns bessere Chancen verschaffen würde, wenn wir einen Beruf erlernen wollten, und dass die Hauptschule uns dabei weniger bringen würde. Eines Tages in der großen Pause, als unsere Musiklehrerin, die wir gerne mochten, Aufsicht hatte, nahmen wir unseren Mut zusammen und sprachen sie an.

»Was müssen wir tun, damit wir auf eine gute Schule kommen?«, fragte Sevana.

»Was meinst du?« Die Lehrerin sah uns befremdet an.

»Wir möchten zur Realschule, für einen guten Abschluss.«

»Ach das meinst du! Das werdet ihr nicht schaffen.« Sie sagte es ganz freundlich, aber es war klar, dass sie keine Chance für uns sah. Der Satz erwischte uns wie eine Keule, wir waren maßlos enttäuscht. Ich glaube, die Lehrerin hatte keine Ahnung, wie niederschmetternd ihre Antwort für Sevana und mich war.

Dann kam der Tag des Abschieds von der Förderklasse. Vor dem Fenster des Klassenzimmers tanzten Schneeflocken, dahinter grauer Himmel. Das trübe Wetter passte zu unserer Abschiedsstimmung.

»Ich wünsche euch beiden alles Gute. Ihr könnt stolz auf euch sein. Macht weiter so!« Frau Walden lächelte erst mich, dann meine Schwester ermutigend an.

Wir hatten die ersten sechs Monate an der Leistikow-Schule geschafft. Unser Deutsch sollte jetzt reichen, ab in die normale Klasse der Hauptschule. Das war der Weg, der für uns vorgesehen war.

Ich war überraschenderweise ein wenig traurig, dass die Zeit mit Frau Walden zu Ende ging. Dabei war sie sonst nicht so nett wie bei der Verabschiedung. Ganz im Gegenteil, Frau Walden war total streng. Wie sie uns ansah, wenn wir mal fünf Minuten zu spät zum Unterricht kamen! Hochgezogene linke Augenbraue. Ein Räuspern in die Stille hinein. Und dann jedes Mal die strenge Ermahnung, dass der Unterricht um acht Uhr zehn beginnt, nicht acht Uhr fünfzehn, das wisst ihr genau! In unserer alten Schule waren die Lehrerinnen und Lehrer ebenfalls streng, da wurde man geradezu gedrillt, aber in Sachen Pünktlichkeit war das Lehrpersonal in Aserbaidschan weniger strikt.

In Deutschland ist es anders. Alles muss zur richtigen Zeit passieren und korrekt und ordentlich sein. Wir gewöhnten uns an Pünktlichkeit und Disziplin, und auch ansonsten haben wir von Frau Walden viel gelernt. Sie hat darauf geachtet, dass wir unsere Taschen richtig packen. Dass keine schimmeligen Essensreste darin überwintern. Dass jede und jeder etwas zu Essen für die Pausen dabeihat. Sie hat uns vieles gezeigt, was für ein Leben in Deutschland wichtig ist. Das kriegt man ja nicht mit, wenn man keine deutschen Freundinnen und Freunde hat und niemand von uns hatte diese. Frau Walden ging mit unserer ganzen Klasse einen Tannenbaum kaufen, wir haben ihn gemeinsam geschleppt, geschmückt und im Klassenraum aufgestellt. Sie nahm uns außerdem mit auf einen Weihnachtsmarkt.

Aber dann wurde die Entscheidung getroffen, wir könnten ausreichend Deutsch. Alle Lehrerinnen und Lehrer fanden, wir sollten uns freuen. Doch mit dem Übergang in die neue Klasse wollten sie Sevana und mich trennen. Dabei brauchten wir einander. Wir hatten uns immer gegenseitig geholfen, beim Lernen, beim Durchhalten, bei allem. Seit der ersten Klasse in Baku waren wir immer füreinander da gewesen, egal, wo uns unsere Eltern hingeschickt hatten. Jetzt sollte sie in die neunte Klasse kommen, und ich in die achte, bloß weil ich ein Jahr jünger war als sie. In mir sträubte sich alles dagegen, dass mein ganzes Leben schon wieder vollkommen auf den Kopf gestellt werden sollte. Ohne dass jemand fragte, was ich eigentlich wollte. Aber ich musste es wohl akzeptieren.

Es war sehr laut, als ich am nächsten Morgen in den Raum kam, wo die achte Klasse unterrichtet wurde. Niemand nahm Notiz von mir, alle quatschten oder pöbelten ihre Sitznachbarn an. Ich suchte mir einen freien Platz in der Mitte, wo eine ganze Reihe frei war. Im ersten Moment dachte ich, dass ein paar Schülerinnen und Schüler krank waren, aber dann wurde mir klar, dass sie wohl schwänzten. Der Lehrer kramte in seiner Tasche, dann richtete er sich auf und hob die Hände.

»Ruhe, bitte seid mal ruhig, wir wollen anfangen.«

Keine Reaktion. Er versuchte es bestimmt drei- oder viermal. Aber niemand zeigte irgendeine Form von Respekt. In Baku wäre das unvorstellbar gewesen. Man steht auf, wenn die Lehrerin oder der Lehrer den Klassenraum betritt. Man respektiert ältere Menschen und das Lehrpersonal.

In der Reihe vor mir saßen zwei Schülerinnen mit Kopfhörern. Ich hatte mein Mäppchen und einen Collegeblock rausgeholt, aber das Mädchen vor mir legte bloß eine Chipstüte auf ihren Tisch, griff hinein und schob sich eine Handvoll in den Mund. Drei Jungs auf der Fensterseite lachten sich über irgendetwas kaputt. Diese Klasse verhielt sich wirklich ganz anders, als ich es von meinen bisherigen Mitschülerinnen und Mitschülern kannte.

»Seid doch endlich mal ruhig!«, rief der Lehrer. Jetzt schrie er fast, er klang sehr frustriert. Die Jungs kicherten noch unbeherrschter. Der Lehrer starrte vor sich hin. Er sah aus, als hätte er aufgegeben. Ich war entsetzt, wie wenig die Schülerinnen und Schüler auf ihn achteten. Dann teilte er ein Arbeitsblatt aus. Eine Geschichte über zwei Männer und einen Streit. Nur zwei weitere Schüler und ich begannen zu lesen, was nicht leicht war bei dem Gequatsche der anderen. Den Großteil der Geschichte verstand ich. Gott sei Dank. Dann kam der Lehrer an meinen Tisch.

»Wie heißt du? Lana, ah ja, das Mädchen aus der Förderklasse. Erläutere bitte, was nach deinem Verständnis dazu geführt hat, dass der Konflikt zwischen den Männern eskaliert ist.«

Eska – was?, dachte ich. Ich hatte aufmerksam zugehört und wirklich versucht, ihn zu verstehen. Aber wenn er diese komplizierten Worte benutzte, wie sollte ich da mitkommen? Ich starrte ihn stumm an.

Er seufzte. »Schreib es auf und bring es morgen mit. Eine Seite. Warum die Männer streiten. Verstehst du?«

Ich nickte. Klar. Ich würde es versuchen. Nach der Pause machte er mit Mathe weiter. Ich war froh, denn in Mathe kann man sich beteiligen, auch wenn man nicht so gut Deutsch spricht. Ich versuchte, die Pleite vom Morgen wettzumachen, und meldete mich. Meine Hand war die einzige, die hochging.

»Richtig, Lana! Wunderbar!« Der Lehrer war regelrecht euphorisch und ich freute mich auch. Aber als ich nach rechts schaute und die Blicke der anderen sah, erschrak ich. Meine Mitschülerinnen und Mitschüler starrten mich so hasserfüllt an, dass ich Gänsehaut bekam. Sie schauten genau wie das Mädchen im Bus, das mich geschlagen hatte.

Um halb eins war Schulschluss. Mir war klar, dass ich mich vor den anderen in Acht nehmen musste, also wartete ich auf meinem Platz, bis alle weg waren. Dann nahm ich meine Tasche, ging in den Flur und lehnte mich an die hellgelbe, vollgekritzelte Wand. Endlich Ruhe. Nur noch ein paar Minuten, bis Sevana kommen würde, und wir könnten zusammen heimfahren. Doch dann hörte ich Schritte. Das Chipsmädchen und ihre Freundin. Hoffentlich würden sie vorbeigehen, betete ich, hoffentlich wollten sie nichts von mir. Da bauten sie sich schon vor mir auf und das Chipsmädchen presste mich mit ihrem gesamten Körpergewicht an die Wand. Unsere Nasen berührten sich fast, so nah kam sie mir.

»Du Streber-Kanake«, zischte sie. »Glaubst wohl, du kannst dich einschleimen?«

»Nein, ich …«

Manchmal, wenn Dinge in hohem Tempo passieren, schaltet mein Gehirn auf eine Art Zeitlupe um. Alles gewinnt auf merkwürdige Art an Deutlichkeit und noch Jahre später kann ich mich an jede Einzelheit erinnern.

Ich sah das Gesicht des Mädchens, das sich zu einer fiesen Fratze verzog. Ich spürte, dass sie nicht reden wollte, sondern schlagen. Ich hörte, wie ihre Freundin hämisch lachte. Ich sah, wie sie ihre Faust ballte, den Arm hob und ausholte. Gleich würde sie mir die Nase brechen. All das nahm ich wahr und dennoch war ich nicht imstande, sie von mir wegzudrücken oder mich zu wehren. Ich klebte mit dem Rücken an der kalten Wand.

»Hey, lass sie!«

Eine Gruppe Schülerinnen aus der anderen Förderklasse – eine Rettung. Eine ergiff den erhobenen Arm des Chipsmädchens.

»Lass mich, Fotze, das hier geht dich einen Scheiß an!«, fluchte meine Angreiferin. Ich flutschte an der Wand entlang zur Seite und rannte zu Sevanas Klassenraum, so schnell ich konnte.

Auf dem Heimweg erzählte ich ihr, was passiert war. Ich hatte tierische Angst, dass mich die Mädchen irgendwann erwischen würden, um mich so richtig zusammenzuschlagen. An dieser Hauptschule schien das Pflaster besonders hart. Weil Schülerinnen und Schüler Drogen nahmen, weil sie aggressiv waren, vermutlich weil niemand sich um sie gekümmert hat. Wir sahen selbst jeden Tag, wie sie auf dem Pausenhof ihre Deals machten und dann im Klo verschwanden. Und fast täglich gab es eine Schlägerei. Die Leistikow-Oberschule, die oft wegen Gewalttaten in den Schlagzeilen landete, wurde Jahre später geschlossen, als wir schon nicht mehr dort waren.

Zu Hause verzogen wir uns wortlos in unser Zimmer.

»Alles in Ordnung?«, rief unsere Mutter uns hinterher.

»Ja klar, mach dir keine Sorgen«, antwortete ich. »Wir haben bloß so viele Hausaufgaben.«

Ich habe damals nur leise geweint, damit meine Mutter nichts mitbekommt. Sie war gerade erst aus dem Krankenhaus entlassen worden. Ihre Augen mussten operiert werden, weil ihre Sehkraft stark nachgelassen hatte. Die Ärztinnen und Ärzte hatten gesagt, sie hätte noch Glück gehabt. Ein paar Monate länger ohne Behandlung und sie wäre erblindet.

»Ich bin so froh, dass ihr gut zurechtkommt. Meine großen Mädchen!«, hatte sie gesagt und unsere Hände gestreichelt. Wie sollten wir es übers Herz bringen, ihr von den Problemen an der Schule zu erzählen? Wir mussten allein damit fertigwerden.

Nach einer Stunde des Weinens war mein Gesicht ganz verquollen. Ich nahm mir ein Taschentuch, blies die ganze Rotze hinein und atmete tief durch. So ging es nicht weiter. Wie konnte ich es schaffen, zur Schule zu gehen, ohne in diese Horrorklasse zu müssen?

2 DIE NACHT UND DIE STRASSE

Manchmal, wenn ich auf den Straßen Neuköllns unterwegs bin, denke ich an die Zeit in der Schule. Ich erinnere mich, wie viel Angst ich vor den Schlägen der anderen Mädchen hatte. Heute fahre ich zum Einsatz mit meinen Kolleginnen und Kollegen, mit unseren Einsatzmitteln wie dem Tonfa, dem Pfefferspray, der Schusswaffe und all dem Training, das ich regelmäßig habe, und fühle mich sicher. Es ist egal, was passiert. Ich bin nicht allein, und ich bin nicht mehr so hilflos wie damals.

Die Frau, die vor ein paar Minuten auf der Wache angerufen hat, klang aufgeregt. Sie war von merkwürdigen Geräuschen aufgewacht, wusste erst nicht, woher sie kamen, konnte sie dann im Treppenhaus lokalisieren und hatte durch einen Blick durch den Spion festgestellt, dass ein obdachloser Mann auf dem Treppenabsatz direkt vor ihrer Tür campierte.

Ich fahre mit Fabian los. In solchen Fällen müssen wir dafür sorgen, dass die obdachlosen Personen das Haus verlassen. Wir informieren sie über die Möglichkeit einer Notunterkunft oder fordern den Kältebus an, wenn sie es aus eigener Kraft nicht mehr in eine Kältenotunterkunft schaffen, damit sie bei bitterer Kälte nicht erfrieren.

Die Straße, in der wir parken, ist nur zwei Blocks vom Abschnitt entfernt. Mietskaserne. Sieben Stockwerke. Wir klingeln bei der Anruferin, der Summer brummt sofort, klar, sie hat uns erwartet.

Wir laufen zügig hoch. Der Treppenabsatz ganz oben ist ein beliebter Schlafplatz, nicht nur in diesem Haus. Abends rein, keiner kommt vorbei, morgens raus.

Der Mann vor unseren Füßen schläft tief und fest. Neben ihm steht eine leere Wodkaflasche. Sein Schlafsack ist fleckig und von undefinierbarer Farbe. Hinter ihm liegt eine Aldi-Tüte, halb gefüllt mit seinen Habseligkeiten.

»Hallo«, sagt Fabian. »Hören Sie mich?«

Keine Reaktion.

Fabian kniet sich hin. Er stupst mit der Hand an die Stelle, wo die Schulter des Mannes den Schlafsack ausbeult. Der Mann regt sich und hebt den Kopf.

»*Idi nahui!* Verpiss dich!«, grunzt er und richtet sich auf. Russisch. Ich verstehe die Schimpfworte, aber ich lasse sie erst einmal an mir abprallen.

»Hier können Sie nicht schlafen«, sagt Fabian.

»Packen Sie bitte Ihre Sachen zusammen und kommen Sie mit«, ergänze ich auf Russisch.

Der Mann zieht fluchend seine Beine an, kniet sich hin und formt aus dem Schlafsack ein Knäuel. Langsam richtet er sich auf, ein stattlicher Typ, nicht ganz so groß wie mein Kollege, aber einen Kopf größer als ich. Fabian macht eine Geste, die Richtung Treppenhaus und Ausgang weist. Mit einem erneuten Fluch stößt der Mann Fabians Arm weg. Fabian bleibt ruhig, steht wie ein Fels, weicht keinen Zentimeter zurück, bis der Mann endlich die erste Stufe nimmt. Dann eskortieren wir ihn die Treppe hinunter.

Der obdachlose Mann bockt auf dem gesamten Weg nach unten. Fabian weicht aus wie ein geschickter Boxer, der seinen Gegner müde machen will. Ich verfolge wachsam und mit der Hand am Tonfa, was passiert. Ich weiß genau, wie ich mit dem Stock umgehen muss. Aber diesmal scheint es nicht nötig zu sein. Wir befördern den Russen ohne weiteren Zwischenfall aus dem Haus. Jetzt noch die Personalien feststellen.

»Wir brauchen deine Personalien. Wie heißt du?«, frage ich ihn auf Russisch. Ich versuche auf Augenhöhe mit den Bürgerinnen und Bürgern zu reden. Sie können uns duzen, wir duzen zurück, Umgangssprache, keine komplizierten Sätze.

Aber er reagiert überhaupt nicht auf mich, sondern tut so, als wäre ich Luft. Fabian wiederholt die Bitte auf Deutsch, im Ton jetzt strenger. Der Mann weicht einen Schritt zurück. Will er abhauen? Ich schalte eine Aufmerksamkeitsstufe höher. Es passiert schnell, dass Einsätze eskalieren. Auf einmal wird eine Routinesituation zur hitzigen Schlägerei.

Der Mann rotzt Fabian einen Spuckeflatschen vor die Füße und ballt seine Fäuste auf Brusthöhe. Fabian geht blitzschnell in eine stabile beidfüßige Haltung und hebt die Arme vor den Körper. Die Spannung zwischen den beiden Männern ist fühlbar. Der Russe tänzelt und flucht und starrt Fabian wütend an. Gleich wird er zuschlagen.

Ich begreife in dieser Sekunde, dass er mich komplett ausgeblendet hat. Vermutlich, weil ich eine Frau bin, ich existiere in diesem Augenblick gar nicht für ihn. Wie praktisch, denke ich und analysiere in Sekundenbruchteilen meine Möglichkeiten. Der Russe leicht vornübergebeugt. Standbein auf der mir zugewandten Seite. Überraschungsmoment nutzen, Lana! Ich packe ihn am Nacken, ein kräftiger Ruck nach vorn, er liegt am Boden, reglos in diesem Moment. Ich kann ihn gut fixieren und Fabian ist sofort mit den Handfesseln an meiner Seite.

»Ey Lana! Das … das ging ja wahnsinnig fix!« Das Erstaunen in seiner Stimme macht mich ein bisschen stolz. Wir machen uns auf den Weg zur Gefangenensammelstelle zwecks einer erkennungsdienstlichen Behandlung, die die Erfassung von personenbezogenen und biometrischen Daten umfasst. Mittlerweile ist der Russe friedfertig und macht einen nüchterneren Eindruck. Später sitzen Fabian und ich zusammen und sprechen über den Einsatz.

»Wahnsinn, wie fix das ging«, wiederholt Fabian. Er grinst anerkennend und schüttelt den Kopf, als könnte er es immer noch nicht fassen. »Du hast gar nichts gesagt!«

»Ne«, antworte ich. »Wenn ich dir was gesagt hätte, dann hätte er es doch mitbekommen.«

Das Wichtigste, was wir Streifenpolizistinnen und -polizisten auf der Straße von unseren Kolleginnen und Kollegen erwarten, funktioniert. Fabian und ich können uns aufeinander verlassen, wenn es brenzlig wird. Und er weiß, dass ich keine Angst habe.

Seit ich auf dem Abschnitt im Funkwageneinsatzdienst tätig bin, muss ich mich auf der Straße durchsetzen, und das hat mich verändert. Ich habe zu einem Selbstbewusstsein gefunden, das ich früher nicht hatte.

In Neukölln gibt es kaum eine Woche, in der man im Dienst nicht mit gewaltbereiten Menschen zu tun hat. Dabei steht das Ausmaß der Aggressivität nicht unbedingt in einem vernünftigen Verhältnis zum Anlass. Es kann ein winziger Funken sein, an dem sich ein Großbrand der Gewalt entzündet. Auf der Straße, in Wohnungen, in Bars kann alles Mögliche vorfallen, das Konflikte auslöst, und häufig sind die Kontrahenten nicht besonnen, sondern betrunken, verzweifelt, auf Drogen oder einfach voller Wut. Wenn dann noch Waffen im Spiel sind, wird es brenzlig.

Es ist kurz vor Mitternacht. Ich bin heute für die lange Nachtschicht eingeteilt, von achtzehn bis sechs Uhr, zwölf Stunden, und wenn ein letzter Einsatz länger dauert, dann können es auch dreizehn oder noch mehr Stunden werden. Manchmal, wenn ich mit Leuten darüber rede, die nicht bei der Polizei sind, bemitleiden sie mich wegen der langen Dienste. »Du Arme, wie anstrengend!«, sagen sie. »Du bist dann doch total müde, oder?« Aber ich empfinde die Nachtschicht nicht als Belastung. Obwohl ich irgendwann müde bin, hält mich die Action wach.

Wenn wir Streife fahren, dann weiß ich, dass sich viele Menschen dadurch sicherer fühlen. Ich selbst hatte als Mädchen oft Angst, insbesondere am Abend, aber wenn ich irgendwo einen Funkwagen gesehen habe, gab mir das immer das Gefühl, beschützt zu werden.

Wir rücken zum zweiten Einsatz der Nacht aus. Ein Mann wurde mit einem Messer angegriffen. Wir sehen ihn sofort, als er uns entgegenläuft. Er kann sich kaum auf den Beinen halten, sein helles Shirt ist blutgetränkt. Wir sind mit drei Wagen ausgerückt. Kurz vor dem Blutenden stoppen wir und springen aus dem Auto. Der Mann kommt mir bekannt vor, ein junger Typ mit ausgemergeltem Gesicht, gerade mal Anfang zwanzig. Er ist einer der Drogensüchtigen, die in unserem Abschnittsbereich leben. Der Mann zeigt in die Richtung, aus der er kommt, und sagt: »Er hat mit einem Messer auf mich eingestochen.«

Ich sehe am Ende der Straße eine flüchtende Silhouette.

Fabian und ich sprinten los. Die Kollegen aus dem zweiten Einsatzwagen bleiben bei dem Verletzten. Hinter uns höre ich die Kollegen aus dem dritten Funkwagen. Zu viert verfolgen wir den Flüchtenden. Zum Glück haben wir eine bessere Kondition als er. Wir trainieren viel und ich spüre in solchen Momenten mit jedem Schritt, wofür es gut ist. Manchmal joggen wir zusammen, spornen uns an, sprinten, bis uns fast die Lunge platzt. Wir üben mit dem Tonfa, unserem Mehrzweckstock. Wir haben regelmäßig Einsatztrainings und bei bestimmten Trainings wird die komplette Schutzausrüstung getragen. Wir legen die Schutzweste an, sobald wir aus unserem Dienstgebäude auf die Straße gehen, sie gehört einfach dazu wie eine zweite Haut. Auch dann, wenn man rennen muss.

Der Flüchtende wird langsamer, neben ihm eine Hausmauer, parkende Autos, und wir. Innerhalb von Sekunden haben wir ihn umzingelt und unsere Waffen auf ihn gerichtet. Ich versuche, im schwachen Licht der Straßenlaternen und unserer Taschenlampen zu erkennen, ob er etwas in der Hand hält.

»Hände hoch! Zeig mir die Hände!« Wir müssen sichergehen, dass er keine Waffe hat. Der Mann steht beinahe reglos vor uns und reagiert nicht. Ich leuchte ihm mit dem hellen Kegel meiner Taschenlampe ins Gesicht und über den Körper. Vielleicht hat er das Messer, mit dem er auf sein Opfer eingestochen hat, noch irgendwo in der Hand, deswegen visiere ich ihn an. Er dreht den Kopf nach rechts und links. In diesem Moment realisiert er vermutlich, dass er uns nicht entwischen kann.

»Hände hoch!«, wiederholt mein Kollege Micha und langsam hebt er die Hände, vermutlich versteht er endlich, dass es das Vernünftigste ist, wenn Polizistinnen und Polizisten mit gezogener Waffe vor einem stehen.

»Legen Sie sich auf den Boden!«, rufe ich mehrmals. Keine Reaktion. Fabian, Micha und ich versuchen, ihn zu Boden zu bringen. Er schlägt mit voller Kraft um sich und macht es uns schwer. Bei unserem zweiten Einsatz heute Nacht brauchen wir viele Hände, um ihm die Handfesseln anzulegen. Letztlich schaffen wir es aber.

Der Verletzte hat mittlerweile geäußert, dass er von dem Tatverdächtigen Drogen kaufen wollte. Er habe ihm zehn Euro gegeben, aber der Mann hätte keinen Stoff rausgerückt. Da er das Geld nicht zurückgab, sei es zum Streit gekommen und der Tatverdächtige hätte ihn mit dem Messer attackiert.

Fabian durchsucht den Tatverdächtigen. »Kein Messer, nur das hier«, ruft er und hält einen blutbesudelten Zehn-Euro-Schein hoch. Ich knipse meine Taschenlampe an und mache mich auf die Suche nach der Tatwaffe. Das Messer kann nicht weit sein, und nach ein paar Metern sehe ich es an einer Hauswand liegen. Ein Springmesser, die Klinge blutverschmiert. Vorsichtig hebe ich es auf und bin froh, dass mich die Handschuhe vor der direkten Berührung mit der Stichwaffe schützen.

»Ich hab gar nix gemacht!«, beteuert der Mann. »Das ist nicht mein Messer!«

Der Tatverdächtige ist schon mehrmals wegen Drogenhandels aufgefallen, ein Kleindealer, wie es viele gibt. In Berlin findet man Dealer für jede Art von Droge. Da sind die Kokaintaxis, die durch die Straßen cruisen, sich über Telefon mit ihren Kundinnen und Kunden verabreden, diese irgendwo an einer verabredeten Stelle aufsammeln, einsteigen lassen, einmal um den Block fahren, um das Geschäft abzuwickeln, ihre Kundinnen und Kunden absetzen und weiterfahren. Es gibt die Heroin- und Cannabisdealer. Es gibt welche, die nur synthetische Drogen verkaufen, und Zwischenhändler, die die kleinen Straßendealer mit Stoff versorgen.

Bei unserem Tatverdächtigen haben wir heute Nacht keine Drogen gefunden. Vielleicht hatte er gerade den letzten Stoff verkauft, vielleicht hat er ihn aber auch irgendwo hingeworfen, wo wir ihn nicht gefunden haben. Oder aber er ist seinen Drogengeschäften gar nicht nachgegangen.

Die Kolleginnen und Kollegen von der Kriminalpolizei sind inzwischen auch vor Ort, sie werden die Ermittlungen übernehmen. Dann machen Fabian und ich uns mit dem Tatverdächtigen auf den Weg zur Gefangenensammelstelle. Unterwegs beteuert er wieder und wieder, dass er nichts, wirklich gar nichts getan hätte.

Wir kümmern uns um die erkennungsdienstliche Behandlung und erledigen vor Ort die nötigen schriftlichen Arbeiten. Fabian und ich sind erleichtert darüber, dass niemand von uns schießen musste.

Ob ich dem Mann noch einmal begegne, weiß ich nicht. Manchmal werde ich in Gerichtsverfahren als Zeugin gerufen, aber ob und wann, liegt nicht in meiner Hand, ebenso wenig, wie das Verfahren geführt wird oder das Urteil ausfällt. Ob die Täter verurteilt werden oder nicht, entscheiden andere. Auch heute Nacht haben wir bloß unseren Job gemacht.

3 EINE ANDERE WELT

»Du zuerst«, sagte meine Schwester. »Es war ja schließlich deine Idee.«

Sevana und ich standen zögernd vor der braunen Tür und starrten auf das weiße Plastikschild, auf dem »Schulleitung« geschrieben stand.

»Aber du kommst mit«, forderte ich. Das hier mussten wir gemeinsam durchziehen. Ich holte tief Luft und klopfte an. Die Tür öffnete sich.

»Ach, die Schwestern aus Aserbaidschan. Na, was gibt es?«, fragte der Direktor, wedelte einladend mit der Hand und schloss hinter uns die Bürotür. Wir ließen uns vorsichtig auf die Stühle vor seinem Schreibtisch sinken, wo wir zuletzt gemeinsam mit Leyla saßen, als sie uns hier angemeldet hatte.

»Wir sind gekommen, weil wir nicht mehr auf die Hauptschule gehen wollen.«

Der Direktor kräuselte die Stirn und sah uns überrascht an. »Wieso denn das? Das kommt aber plötzlich.«

Ich zögerte. Sollte ich ihm die Prügelgeschichte von meinem ersten Tag in der neuen Klasse anvertrauen? Was, wenn er mit dem Lehrer sprechen würde und dieser mit den Mitschülerinnen und Mitschülern? O nein, dann würde alles noch viel schlimmer werden.

»Wir möchten lieber auf die Realschule. Und deswegen wollten wir fragen, ob wir noch mal zurück in die Förderklasse gehen können. Weil … also damit wir noch besser Deutsch lernen«, wich ich seiner Frage aus.

Wir sahen den Mann hinter dem Schreibtisch hoffnungsvoll an. Der Direktor, der offenbar Schlimmeres befürchtet hatte, lachte erleichtert.

»Natürlich! Zurückgehen kann man immer!« Sein Gesicht spiegelte erleichterte Verblüffung. So was war ihm offenbar noch nie passiert. Dass Schülerinnen ohne Eltern zu ihm kommen und selbst darum bitten, noch eine Extrarunde in der Förderklasse drehen zu dürfen!

»Ihr kommt in die Förderklasse zwei. Da sind Schüler drin, die schon etwas Deutsch können. So wie ihr.«

Er schrieb eine Raumnummer auf einen Zettel und drückte ihn mir in die Hand. Ich fragte mich kurz, wieso uns vorher niemand diese Möglichkeit angeboten hat. Aber ich hielt den Mund. Ich wollte nichts kaputt machen. Der Direktor stand auf und öffnete uns die Tür. »Ich sage dem Kollegen Bescheid. Ihr könnt dann morgen direkt loslegen.«

Ich war sehr erleichtert, als wir das Büro verließen. Aber schon auf dem Heimweg spürte ich, dass mir ein tonnenschwerer Felsbrocken auf die Lunge drückte. Ich musste gut genug sein, um es auf eine andere Schule zu schaffen. Wenn ich jetzt versagen würde, wäre ich den Hauptschülerinnen und Hauptschülern ausgeliefert, und ich war überzeugt, dass ich das nicht überstehen würde.

Die folgenden Monate waren Schufterei pur. Wenn ein Test anstand, weckte ich vor dem Morgengrauen meine große Schwester, um noch mal die Vokabeln abzufragen oder Matheaufgaben zu üben. Ich frage mich heute noch, wie wir das alles geschafft haben.

Eines Tages waren wir wieder in aller Frühe aufgestanden, lange vor unserer Mutter, um zu lernen. Als Sevana und ich irgendwann in die Küche gingen, saß unsere Mutter bereits am Tisch, viel früher als sonst. Ich erschrak, als ich sah, dass sie geweint hatte.

»Ach, meine Mädchen«, seufzte sie. »Ich habe die halbe Nacht nicht geschlafen.«

Sie starrte auf einen Möbelkatalog. Er lag aufgeschlagen vor ihr, eine Doppelseite voller Fotos von weißen, schicken Kleiderschränken mit Hochglanzfronten, daneben eine glücklich lächelnde, blonde Frau.

»Was ist denn los?« Sevana setzte sich neben sie.

»Ach, es ist nur … schaut doch mal. 99 Euro für den Schrank hier. So günstig, und der sieht dabei wirklich gut aus, meint ihr nicht?«

Wir nickten zustimmend, verstanden aber nicht, worum es hier eigentlich ging. Wenn Mama neue Möbel kaufen wollte, war das doch kein Grund, um zu weinen.

»Warum bist du so traurig?«, fragte ich.

Sie seufzte wieder. »Weil ich jetzt sehe, dass es hier in Deutschland auch billige Möbel gibt. Wenn ich das gewusst hätte … Ich habe so viel Geld für all das hier bezahlt!« Sie schüttelte den Kopf. »Ich habe viele Hundert Euro ausgegeben und dafür haben wir nur Schrott bekommen.« Sie deutete auf das alte Regal und den runtergerockten Schrank, mit denen uns die Bekannte ausgestattet hatte.

»Ich hatte doch keine Ahnung!«, klagte meine Mutter. Woher sollten wir auch wissen, was Möbel kosteten. Internet hatten wir nicht. Zeitungen kauften wir nicht. Wenn wir Kleidung brauchten, fuhr Mama mit uns nach Kreuzberg zu den türkischen Läden, wo kein Kleidungsstück mehr als zehn Euro kostete. Und außer Mamas Bekannter Leyla gab es keine Menschenseele, die wir hätten fragen können.

Meine Schwester und ich blätterten durch den Katalog. Es gab lackierte Regale, Holztische, Bettwäsche in allen möglichen Farben und Mustern. Manches war teurer, manches erstaunlich günstig. Ich malte mir aus, wie hübsch wir uns hätten einrichten können, wenn wir gewusst hätten, dass es dieses Geschäft gab. Meine Mutter strich sich nachdenklich über das Kinn. »Wisst ihr was? Ich glaube mittlerweile, dass es auch viel günstigere Wohnungen als diese hier gibt. Wir sollten umziehen. Die hier kostet einfach zu viel. Ich werde Leyla bitten, uns zu helfen.«

Gut so, dachte ich. Wenn wir dann weniger Geldsorgen haben würden, war das bestimmt vernünftig. Für Sevana und mich war es sowieso egal, wo wir wohnten. Wir hatten ohnehin keine Freundinnen hier in Zehlendorf. Hier wohnten wohlhabende Deutsche, die sich fast ausschließlich in ihren schicken Autos fortbewegten. Wenn wir mal jemanden an der Bushaltestelle trafen, schauten die Leute an uns vorbei. Die Kinder aus der Nachbarschaft gingen auf andere Schulen und lebten ein anderes Leben. Wir fühlten uns wie Fremdlinge in diesem Viertel.

Meine Mutter, die von ihrer eigenen Entschlossenheit beflügelt war, rief die Bekannte an und verkündete, dass wir umziehen müssten. Leyla argumentierte und diskutierte, aber irgendwann versprach sie, wenn auch nicht besonders begeistert, bei der Suche zu helfen. »Ich tue, was ich kann!«, sagte sie und wir begannen zu hoffen.

Dennoch blieb erst mal alles beim Alten. Zehlendorf, Bus, Schule, Bus, Zehlendorf, und immer wieder zum Aufräumen in den Grunewald. Keine Aussichten auf eine günstigere Wohnung. Wir mussten über jeden Euro, den wir ausgaben, dreimal nachdenken, und die wachsenden Sorgenfalten im Gesicht meiner Mutter stimmten mich traurig.

Jedes Mal, wenn sie bei Leyla nachfragte, bekam sie dieselbe Antwort. »Alles nicht so einfach! Wohnungen sind in ganz Berlin teuer, was stellt ihr euch vor?« Die sechshundert, die wir für die zwei Zimmer in Zehlendorf zahlten, seien ein ganz normaler Preis. Aber gut, sie würde sich weiter umhören. Doch dann kam von einem Tag auf den anderen Bewegung in die Sache. Leyla wollte umbauen, sie hatte große Pläne mit unserer Wohnung, die wir nicht ganz verstanden. Es sollten Wände raus, und sowieso, die Küche musste gemacht werden. Alles ging ruckzuck. In wenigen Tagen sollten wir alles gepackt haben. Sie hatte eine günstigere Bleibe für uns gefunden. In Neukölln. Zwei Zimmer, Altbau, eine Küche, nicht sehr groß, ein Bad, und alles für 300 Euro warm. Leyla kam bei uns vorbei, um die Neuigkeit zu verkünden – und uns zu warnen. Wir sollten bloß nicht denken, dass wir es dort besser haben würden, gab sie uns zu verstehen, hob dabei die Augenbrauen und wackelte mahnend mit dem Zeigefinger. »In Neukölln leben seeeehr viele Ausländer! Rumänen, Araber und Türken, und es gibt wirklich viel Kriminalität. Ihr werdet euch in Acht nehmen müssen. Neukölln ist ein gefährliches Pflaster.« Sie machte ein Gesicht, als wäre das Viertel das größte Elendsviertel Berlins, aber ich hatte Zweifel, ob ich mich wirklich fürchten sollte. Auf dem Markt in Kreuzberg begegneten wir vielen eingewanderten Menschen, ich hörte viel Türkisch und Arabisch. Dort kam es mir gar nicht gefährlich vor, sondern ich hatte beinahe das Gefühl, in Istanbul zu sein, wo wir vor ein paar Jahren einmal meine Tante besucht hatten, viele Frauen mit Kopftuch und in traditionellen langen Röcken liefen da rum. Es war eine andere Welt als Zehlendorf. Aber war es eine gefährlichere Welt? Abwarten, dachte ich.

Wir behielten unsere Gedanken für uns und bedankten uns artig. Leyla sah zufrieden aus und besprach mit meiner Mutter, wann die Handwerker damit beginnen könnten, die Zehlendorfer Wohnung umzubauen.

Unser neues zu Hause würde eine Überraschung für meine Mutter, Sevana und mich werden. Die Bekannte hatte den Mietvertrag auf eigene Faust klargemacht. Keine von uns hatte die Wohnung vorher gesehen, aber das spielte ohnehin keine Rolle. Eine Wahl hatten wir nicht, entweder zogen wir nach Neukölln – oder wir würden bald gar keine Bleibe mehr haben.

Wir verließen Zehlendorf an einem Samstag. Sevana und ich hatten die Taschen mit unseren Schulsachen dabei und eine Tüte mit Kleidung. Unsere Bekannte hatte jemanden organisiert, der unsere Möbel und die Klamotten zur Wohnung bringen würde, allerdings erst Tage später. Immerhin würde eine Matratze dort sein, das hatte sie versprochen.

An der Sonnenallee stiegen wir aus dem Bus. Neben uns hörte ich türkische Wortfetzen, ein Mann fluchte lautstark in sein Handy. Vor einem Döner-Laden stritten zwei Jungs. Drei Frauen mit Kopftuch und langen Röcken standen daneben. Sie fielen mir sofort auf, weil ich in Zehlendorf keiner Frau mit traditioneller muslimischer Kleidung begegnet war. Auch nicht an meiner Schule. Da benahmen und kleideten sich die Mädchen einfach anders, da liefen sie bauchfrei rum und teilten schon mal aus.

Wir waren auch muslimischen Glaubens, aber ein Kopftuch mussten wir in Baku nicht tragen. Eine Tante von mir trug es, doch sie war eher die Ausnahme als die Regel. Das Kopftuch war mir nicht vollkommen fremd und doch erstaunte es mich, wie verbreitet es hier in Berlin war. Als Kind hatte ich nie das Gefühl, strenggläubig aufzuwachsen. Meine Mutter hat uns zwar manchmal mit in die Moschee genommen. Aber wir haben nie wirklich beten gelernt, jedenfalls nicht fünfmal am Tag. Wir hatten stattdessen viel mit der Schule zu tun und dazu noch Klavierunterricht, damit wir später mal als Klavierlehrerin arbeiten könnten.

Ich betete trotzdem, aber auf meine Art. Wenn ich etwas erreichen wollte oder auf etwas hoffte, bat ich meinen Gott darum. Ich betete für die Gesundheit meiner Mutter. Ich betete, dass ich die

Schule schaffen würde. Zu jedem Test nahm ich meinen kleinen Koran mit, meinen Glücksbringer. Ich habe ihn heute noch. Er ist so winzig, dass man die Schrift nur mit der Lupe lesen kann. Den legte ich neben mein Mäppchen, hob die Hände zum Himmel und betete für gute Noten.

Wir bogen von der Sonnenallee ab in eine Seitenstraße. Arabisch sprechende Männer saßen in einem Café und tranken Tee. Nur Männer, keine einzige Frau. Als wir vorbeiliefen, starrten sie uns ungeniert an und drehten die Köpfe, um bloß keinen Schritt zu verpassen.

Das alles hier in Berlin zu sehen, empfand ich als verrückt, aber dennoch kam es mir vertraut vor. Ich kannte diese Cafés aus dem kleinen aserbaidschanischen Dorf, aus dem meine Eltern stammen. Dort war es genauso. Frauen gingen niemals ins Café, nur die Männer, und die beobachteten alles und jeden. In Baku war das allerdings nicht üblich.

Dann standen wir vor dem Haus mit der Nummer acht. Hier sollte also unsere neue Wohnung sein. Ich ergriff Sevanas Hand und drückte sie fest. Ich war neugierig, aber auch besorgt. Was, wenn die Wohnung zu klein für uns wäre? Was, wenn sie zwar halb so viel kostete, aber auch nur halb so groß war wie die Zehlendorfer und wir nicht genug Platz zum Lernen hätten?

Die Haustür war über und über mit Graffiti und Aufklebern bedeckt. Ich fand, dass es ziemlich heruntergekommen aussah, aber das sagte ich lieber nicht laut, um meine Mutter nicht traurig zu machen.

Sie schloss auf. Ein altes Treppenhaus, das Geländer braun gestrichen, der Lack abgescheuert von zahllosen Händen. Im zweiten Stock dann unsere Wohnungstür. Wir betraten den Flur und meine Mutter öffnete die Tür zum ersten Zimmer. Es roch muffig. Der wellig gelaufene Dielenboden war mit Farbe verkleckst. Die

Renovierung musste eine Weile her sein, denn an den Wänden waren die Stellen rund um die Lichtschalter graubraun vor lauter Schmutz. Aber das Zimmer war groß genug und ich war sehr erleichtert. Vor dem Fenster würden wir den Schreibtisch aufstellen können. Die Küche dagegen war winzig. Ein kleiner Tisch und drei Stühle würden mit Mühe und Not hineinpassen. Das Bad fand ich eigentlich in Ordnung. Weiß gefliest, geräumig, es gab sogar eine Badewanne.

Die ersten Tage schliefen wir zu dritt auf einer Matratze. Sevana und ich erkundeten unseren neuen Schulweg, es waren nur ein paar Minuten bis zur Bahn-Haltestelle an der Sonnenallee.

Die Straßen Neuköllns wimmelten zwar vor Menschen, die ganz offensichtlich aus den verschiedensten Kulturen stammten, aber sie sahen nicht aus wie Menschen, vor denen man gewarnt werden müsste. Die Vielfalt hier wirkte auf uns eher ermutigend. Zehlendorf in seiner gutbürgerlichen Einheitlichkeit hatte uns vermittelt, dass wir dort nicht wirklich hingehörten. Ins Neuköllner Wimmelbild fügten wir uns weitaus selbstverständlicher ein. Ein obdachloser Drogensüchtiger konnte seinen Stoff von einem marokkanischen Dealer kaufen, der neben einem arabischen Gebrauchtwagenhändler stand, der bei einem Russen ein Handy kaufte, dessen Nachbarin eine ukrainische Krankenpflegerin war, während im Café an der Straßenecke Studenten aus Paderborn und Madrid ihren Chai Latte tranken.

In den ersten Tagen und Wochen in unserem neuen Viertel stellten wir fest, dass dennoch unangenehme Dinge passieren konnten, die in Zehlendorf anders abgelaufen wären. Einmal liefen uns zwei junge Männer nach und versuchten, uns in ein Gespräch zu verwickeln. Sie hatten die Körpersprache von Raubtieren, die ihrer Beute nachschlichen. Wir hatten kein Interesse an ihren Annäherungsversuchen, aber die beiden waren hartnäckig, frech und unangenehm in ihrer Zudringlichkeit. Ich hatte das Gefühl, dass es besser war, auf Abstand zu den beiden zu gehen.

Schon als kleines Mädchen hatte ich einen Sinn dafür, wann mir Gefahr drohte. Ich erinnere mich an einen Marktbesuch in Baku, ich war acht oder neun Jahre alt und ging an der Hand meiner Mutter. Sie blieb an einem Stand stehen, um Stoff für ein Kleid auszusuchen, und für einen Moment ließ sie meine Hand los. Als ich ihren Griff wieder spürte, hatte sich etwas verändert und ich sah hoch. Ein fremdes, bärtiges Gesicht blickte auf mich herab. Ich erschrak furchtbar, riss mich los, erkannte, dass mich der Strom der Marktbesucher schon mehrere Meter von meiner Mutter fortgespült hatte, und rannte panisch zu ihr. Ich versuchte, ihr zu erklären, was passiert war, aber in Hitze und Hektik gingen meine Worte unter. Wir liefen weiter, und als ich mich umblickte, sah ich den Mann dicht hinter uns. Er machte mir große Angst und ich versuchte, meine Mutter auf ihn aufmerksam zu machen, doch als sie sich endlich umdrehte, war er plötzlich wie vom Erdboden verschluckt. Eine Minute später entdeckte ich ihn wieder im Gewimmel, er war näher gekommen, er war uns auf den Fersen. Ich trug an diesem Tag ein weißes Käppchen, das weithin leuchtete, und irgendwann hatte ich eine Eingebung. Ich riss es mir vom Kopf, und als ich mich das nächste Mal umsah, war der Mann verschwunden. Noch heute frage ich mich, was passiert wäre, wenn ich ihm nicht entkommen wäre. Ich werde nie vergessen, wie es sich anfühlt, verfolgt zu werden. Jahre später, wenn ich mit meiner Schwester durch die engen Gassen von Baku zur Musikschule lief, rannten wir, so schnell wir konnten, damit niemand eine Chance hatte, uns in einen Winkel zu zerren und Gott weiß was mit uns anzustellen. Die Gedanken an diesen Mann, der mich als Kind verfolgte, ließen mich lange nicht los, auch wenn nie etwas passiert ist.

Hier in Neukölln hätte uns Rennen nichts genutzt. Die kräftigen jungen Männer wären schneller gewesen. Wir versuchten, sie mit der Drohung zu vertreiben, dass wir die Polizei rufen würden. Die Reaktion war ein freches Grinsen und wir überlegten, was eine bessere Methode sein könnte, unsere Verfolger loszuwerden. Wir holten das Handy raus und kündigten an, unsere Brüder anzurufen. Das schien ihnen Respekt einzuflößen, und als wir in die Bahn stiegen, blieben sie an der Haltestelle zurück.

An den Nachmittagen mussten wir oft zu Leyla. Sie hatte unsere Mutter gebeten, dass wir ihr beim Umbau ein wenig zur Hand gehen, und natürlich taten wir, worum sie uns bat. Wenn man auf jemanden angewiesen ist, hofft man, dass der es gut mit einem meint. Man muss Vertrauen schenken, ohne zu wissen, was kommen wird. In der ersten Zeit in Deutschland erlebten wir einige Enttäuschungen. Aber auch Menschen, die sich ganz unerwartet und selbstlos für uns einsetzten.

An einem Tag, als wir in Zehlendorf Dreck wegräumten, lernten wir Ruslan kennen. Ich schleppte gerade zwei Mauerstücke vom ehemaligen Wohnzimmer in den Flur. Dort warf ich sie in einen dunkelgrauen Müllsack, den Sevana bereits halb gefüllt hatte. Es war ziemlich anstrengend und wir hatten noch kein Mittagessen gehabt, aber Leyla hatte versprochen, uns später bei McDonald's einen Burger zu kaufen – einen Burger! Das war für uns etwas ganz Besonderes.

Eine Staubwolke stieg auf, ich musste husten. Wir waren mittlerweile seit Stunden damit beschäftigt, den Dreck der Umbauarbeiten aufzuräumen, als die Tür der Wohnung aufging und ein dunkelhaariger Mann eintrat.

»Was macht ihr denn da?«, fragte der Mann, der sich als Ruslan vorstellte, auf Aserbaidschanisch. Er sah absolut entgeistert aus, richtig sauer, und ich hoffte, dass wir nichts falsch gemacht hatten.

»Wieso räumt ihr die Steine auf? Zwei Kinder?! Und wo ist eure Mutter?«

»Die ist nicht hier«, antwortete ich. »Sie ist in unserer Wohnung.«

»Darf ich mal mit ihr telefonieren?«, fragte Ruslan. Er klang jetzt sehr freundlich und ich hatte das Gefühl, dass er es gut mit uns meinte, also gaben wir ihm die Nummer.

Sein Gespräch mit unserer Mutter dauerte eine Weile. Wir bekamen nur mit, was Ruslan sagte. Er stellte ein paar Fragen und hörte aufmerksam zu.

»Ich kann helfen«, versprach er meiner Mutter schließlich. Dann schickte er uns nach Hause.

Wenige Tage später kam Ruslan in unsere Neuköllner Wohnung, um die Wände zu streichen und uns beim Möbelaufbau zu helfen. Er sah sich mit einem Profi-Blick in der Wohnung um. Mir war klar, dass der Anblick unserer Habseligkeiten deprimierend sein musste. Wir hatten unsere Klamotten in Müllsäcken transportiert. Das Geschirr, das wir besaßen, stand in zwei Bananenkisten aus dem Supermarkt daneben. Genau wie die Bettwäsche und unsere Handtücher. Der Schrank bestand nur aus einem Haufen Bretter.

»Habt ihr den vom Sperrmüll?«, fragte Ruslan und beäugte skeptisch die Stellen, wo unter kaputtem Plastikfurnier der Pressspan durchschimmerte.

»Nein«, antwortete meine Mutter und erzählte, dass unsere Bekannte uns mit den Sachen versorgt hatte. Ruslan runzelte die Stirn.

»Hast du Geld bezahlt, Khala?«, fragte er. Khala heißt Tante, so nannte er meine Mutter vom ersten Tag an. Sie nickte und stöhnte. In Ruslans Gesicht breitete sich tiefes Mitgefühl aus. Meine Mutter sah unglücklich und erschöpft aus. Ich wünschte inständig, ich hätte mehr tun können, um die Last von ihren Schultern zu nehmen. In Aserbaidschan ist es Tradition, dass die Kinder irgendwann ihre Eltern versorgen und unterstützen. Genauer gesagt übernehmen das die Söhne. Mein Vater hatte sich so sehr einen Sohn gewünscht, dass er meine Mutter drei Tage nicht im Krankenhaus besucht hatte, als ich geboren wurde. Sie erzählte mir davon, als ich noch recht klein war. Aber dann, als er mich gesehen habe, sei mein Vater ganz verliebt gewesen.

Später, als fast alles aufgebaut war, kochte unsere Mutter Tee. Und dann erzählten wir Ruslan Dinge, die wir sonst noch niemandem anvertraut hatten. Wir berichteten vom Stress in der Schule. Und dass wir am Nachmittag oft in den Grunewald fuhren, um beim Aufräumen zu helfen. Weil meine Mutter solche Angst hatte, ohne die Bekannte gänzlich verloren zu sein in dieser fremden, großen Stadt.

Ruslan war der erste Aserbaidschaner, den wir nach Leyla kennenlernten. Und er war stark, er war wie der große Bruder, den wir nie gehabt hatten. Bei ihm musste ich nicht fürchten, dass ihn meine Sorgen übermäßig belasten würden.

»Du musst keine Angst haben. Ich kenne viele Leute«, sagte Ruslan und lächelte meiner Mutter ermutigend zu. »Es gibt Kurse für Geflüchtete. Die kosten nichts. Da könnt ihr alle drei Deutsch lernen. Dann kommst du auch besser zurecht.«

In den Augen meiner Mutter leuchtete neue Hoffnung. Spätabends, als Ruslan längst gegangen war, setzte sie sich auf die Kante des breiten Bettes, in dem meine Schwester und ich schliefen.

»Ab jetzt müsst ihr nicht mehr in den Grunewald fahren«, versprach sie feierlich, küsste uns auf die Stirn, schaltete das Licht aus und schloss leise die Tür.

4 GEFANGEN

Im Dienst begegne ich oft Menschen, denen es ganz ähnlich geht wie uns damals. Die verloren sind, weil keiner da ist, der ihnen mit Behördenangelegenheiten hilft. Manche gehen dann zur Polizei, sie wissen nicht, an wen sie sich sonst wenden können. Gestern erst kam ein älterer Herr zu uns auf den Abschnitt, weil er einen Brief von der Bußgeldstelle der Polizei nicht verstanden hatte. Ich habe ihm den Inhalt des Schreibens auf Türkisch erklärt und Möglichkeiten zur Hilfestellung aufgezeigt, da er der deutschen Sprache nicht mächtig war – ein Gefallen, keine große Sache. Aber ich erlebe auch Fälle, bei denen die Sprachbarriere zur ernsten Gefahr werden kann.

Der Notruf, dessen Inhalt uns vor fünf Minuten über Funk übermittelt wurde, ist dringend. Die Anruferin, eine junge Türkin aus Hessen, gibt an, dass ihre 83-jährige Großmutter beim Onkel in Neukölln wohne und dort nicht die Wohnung verlassen dürfe. Die alte Frau könne nicht selbst anrufen, denn sie spräche kein Wort Deutsch. Ich spreche Türkisch, da es dem Aserbaidschanischen sehr ähnlich ist, und vermute, dass ich es heute brauchen werde.

Sicherheitshalber rücken wir mit zwei Teams an und ich werde nicht die einzige Frau am Einsatzort sein. Meine Kollegin Dunya, die deutsch-arabischer Herkunft ist, sitzt im zweiten Wagen. Der Name, der uns durchgegeben wurde, steht auf einem Klingelschild, welches auf eines der oberen Stockwerke schließen lässt. Ich schaue an der Fassade hoch. Ein großer Wohnkomplex, farbige Balkonbrüstungen, viel Beton.

Der Mann, der die Wohnungstür öffnet, blickt uns mürrisch entgegen. Seine dunklen Haare werden an den Schläfen grau, das T-Shirt spannt über der Halbkugel seines Bauches. Ich schätze ihn auf Ende vierzig, Anfang fünfzig. Sein Körper füllt den Türrahmen beinahe komplett aus. Hinter dem Mann nehme ich eine Bewegung wahr. Aus einer Tür an der Seite des Flures lugt vorsichtig eine alte Frau hervor, macht zwei zaghafte Schritte und bleibt etwa einen Meter hinter dem Mann stehen. Sie hebt ihre Hand und bewegt sie zum Mund. Ihre Wangen sind eingefallen, die Haut trocken wie Pergament und ihr Kleid ist für den dünnen Körper viel zu weit. Dunya und ich verständigen uns kurz mit Blicken.

»Wir möchten mit Ihrer Mutter sprechen. Lassen Sie uns bitte allein«, fordern wir den Sohn auf.

Er tritt langsam zur Seite und lässt uns widerwillig in die Wohnung. Dunya und ich gehen mit der alten Frau in die Küche, während zwei Kollegen bei dem Mann bleiben.

»Geht es dir gut, Tantchen?«, frage ich auf Türkisch. Die alte Frau fächelt sich aufgeregt Luft zu.

»Ich darf mir ohne seine Erlaubnis nichts zu essen nehmen und er gibt mir nur wenig Essen und Trinken. Schau!« Sie zieht mit den Fingern an der Haut ihres Handrückens. Zwischen der papierdünnen Haut und den Knochen der alten Frau ist nicht mal ein Minipölsterchen Feuchtigkeit. »Ich bin ganz ausgetrocknet.«

Es macht mich traurig, die alte Dame in diesem Zustand zu sehen. Ich bin mit dem Verständnis aufgewachsen, dass Kinder sich um ihre Eltern kümmern und ihnen helfen sollten. Meine Eltern würden ihr Leben für mich geben und natürlich unterstütze ich sie, wo ich kann. Auch sie haben ihre Mühe mit dem Deutschen, immer noch, besonders mit Behördenbriefen oder Steuerbelangen. Das erledige ich dann für sie. Es ist nicht für jeden selbstverständlich, die Eltern bei Bedarf zu unterstützen, das ist mir bewusst, aber dieser Sohn scheint seiner Mutter das Leben regelrecht erschwert zu haben.

»Er sperrt mich den ganzen Tag ein. Den ganzen Tag! Ich darf niemanden sehen. Er lässt mich niemals hier heraus!«

»Wie lange ist das schon so?«, frage ich.

»Es sind Monate, mein Kind. Es sind ganz sicher schon drei Monate«, klagt die alte Frau.

»Erst einmal brauchst du etwas zu trinken«, stelle ich fest und schenke ihr ein Glas Wasser ein. Sie trinkt es in einem Zug aus, nimmt meine Hand und zieht mich zum Kühlschrank. Ich weiß nicht, was ich sagen soll, als sie die Tür öffnet. So was sehe ich definitiv zum ersten Mal. Der Kühlschrank ist so voll wie bei einer Großfamilie, aber jedes einzelne Lebensmittel ist eingewickelt. Fest verknotet in einer Plastiktüte. Ich nehme ein Stück plastikumhülltes Fladenbrot und versuche, den Knoten zu lösen, doch er sitzt verdammt fest. Wenn ich bereits meine Mühe habe, wie soll das einer Achtzigjährigen mit steifen Fingern gelingen? Ich reiße die Tüte auf und gebe der hungrigen Frau das Brot. Sie kaut schnell und seufzt.

»Danke, mein Kind. Wenn ich mir zu essen nehme, ohne ihn zu fragen, dann schreit er, oh, wenn du wüsstest, wie er schreit!«

Dunya streichelt beruhigend ihre Hand. Ich überlege, wie wir ihr am besten helfen können.

»Ist das deine Wohnung hier?«, frage ich.

»Ja, das ist meine. Mein Sohn wohnt im Nachbarhaus. Aber er ist immer hier, immer! Und er hat meinen Schlüssel.«

Rein juristisch betrachtet, ist der Sohn nicht berechtigt, sich in der Wohnung der Mutter aufzuhalten, wenn sie das nicht möchte.

»Was soll ich machen?«, spricht sie weiter, als könnte sie meine Gedanken lesen. »Ich habe es nicht übers Herz gebracht, ihn meiner Wohnung zu verweisen, obwohl er mich seit dem Tod meines Mannes auf Schritt und Tritt kontrolliert. Aber er nimmt mir meine Freiheit, ich habe meiner Enkelin am Telefon davon erzählt.« Und diese hat ihrer Großmutter wohl aus Angst vor ihm nicht geholfen.

»Hast du Verwandte hier in Berlin, irgendjemanden, zu dem du gehen kannst, Großmütterchen?«, frage ich auf Türkisch.

»Niemand, niemand!«

»Und sprichst du ein wenig Deutsch oder Englisch?«

»Nein, nein. Ich spreche nur Türkisch. Meine ganze Familie ist in der Türkei. Hier in Berlin ist nur mein Sohn.«

»Wie lange lebst du denn schon hier?«

»Über fünfzig Jahre«, seufzt sie. »Mein Mann hat hier Arbeit gefunden, aber er ist letztes Jahr gestorben.« Sie wackelt ratlos mit dem Kopf. Vermutlich hat sie die vielen Jahre als Hausfrau verbracht, als Mutter für ihren Sohn gesorgt, in den türkischen Läden des Viertels eingekauft, während der Ehemann die Brücke in die Welt der Deutschen war.

»Ich möchte so gern zurück in meine Heimat«, jammert sie.

»Wer von deiner Familie ist denn in der Türkei?«, frage ich.

»Alle! Mein Bruder und seine Familie, meine Schwestern. Ich habe achtundzwanzig Nichten und Neffen. Sie leben alle dort.« Ihre Augen leuchten, als sie von ihrer großen Familie erzählt.

»Bist du schon einmal dort hingefahren?«, frage ich.

»Das letzte Mal, als mein Mann gestorben ist, und seitdem lässt er mich nicht mehr raus. Er hat auch meinen Reisepass. Ich kann nicht weg.«

Ich erkläre ihr, dass wir eine Anzeige gegen ihren Sohn aufnehmen werden und dass es Ermittlungen geben wird.

»Aber nein, er ist doch mein Sohn!«, wehrt sie erschrocken ab.

»Wir müssen das tun. Was dein Sohn getan hat, ist eine Straftat. Verstehst du das, Tantchen?«, frage ich geduldig.

»Aber ich habe hier niemanden. Ich muss in die Türkei. Was soll ich denn sonst tun?« Sie schaut mich verzweifelt an. »Ich werde bald zurückkommen«, verspricht sie. »Aber lass mich zu meinen Verwandten, Kindchen. Ich schreibe dir die Adresse von meiner Schwester auf, hier, schau!« Eifrig notiert sie Namen, Straße und Ort auf einem Zettel.

»Fühlst du dich denn körperlich in der Lage, dort hinzureisen? Möchtest du dich nicht lieber medizinisch begutachten lassen?«

»Nein, nein ich bin gesund, ich habe keine Beschwerden. Ich möchte dort hin.«

»Hast du Geld für die Reise?«, frage ich.

Sie nickt eifrig. »Drüben. Ich habe etwas gespart.«

Ich vergewissere mich, dass die Kollegen mit dem Sohn im Wohnzimmer stehen. Die alte Frau nimmt uns mit in ihr Schlafzimmer, dort holt sie ein Holzkästchen aus dem Kleiderschrank und nimmt einige Fünfzig-Euro-Scheine heraus. In der kleinen Kiste liegt ein dicker Stapel weiterer Scheine.

»Den Rest lasse ich meinem Sohn«, sagt sie. Sie zählt das Geld in ihrer Hand und hält inne. Vermutlich überlegt sie, wie viel ein Flugticket kostet, oder ein Taxi, und wie viel Geld ihr Sohn benötigt. Die alte Frau zögert, ihre runzlige Stirn ist zerfurcht von Zweifeln. Wir warten geduldig. Die Entscheidung, die sie jetzt treffen muss, kann ihr niemand abnehmen. Sie stößt einen Seufzer aus, greift noch einmal in die kleine Kiste und stattet sich mit ausreichend Finanzen für die Reise aus. Dann schaut sie uns erschrocken an.

»Mein Pass! Wie komme ich jetzt an meinen Reisepass? Er wird ihn mir nicht geben.« Wieder wirkt sie völlig verzweifelt. Ich denke kurz darüber nach, warum der Sohn so viel daransetzt, dass seine Mutter keine Möglichkeit hat zu verreisen, und frage mich, ob es um Geld geht; vielleicht tut er das alles, um an ihre Rente zu kommen.

Ich lasse Dunya und die alte Frau allein, um den Pass zu holen. Es lässt sich nicht ausschließen, dass es eine heftige Diskussion geben kann oder die Situation eskaliert, also gehe ich behutsam vor.

Der Sohn, der sich bei meinen Kollegen im Wohnzimmer befindet, zeigt sich jedoch kooperativ, händigt mir sofort den Pass seiner Mutter und sogar die Wohnungsschlüssel aus. Fünfzehn Minuten später sind Dunya und ich mit der alten Frau, die in Windeseile ein kleines Köfferchen gepackt hat, auf dem Weg nach unten. Im Erdgeschoss streckt ein neugieriger Nachbar den Kopf aus der Tür.

»Gott sei Dank, dat Se da sind«, begrüßt er uns. »Die arme alte Frau, ick hab mir ja schon jedacht, dat da wat nich stimmt, so wie der Sohn da immer rumjeschrien hat. Früher hab ick die alte Dame immer noch mal jetroffen, mal hat sie mir och so eenen türkische Kuchen jebracht, aber wo der ihr alter Herr jestorben war, kriechte man sie gar nich mehr zu Jesicht.«

»Haben Sie nie daran gedacht, die Polizei zu rufen?«, fragt Dunya.

»Ne«, antwortet er und schüttelt den Kopf. »Wissen Se, der Sohn is ja so aggressiv. Da hab ich mir det nicht jetraut. Aber ick hab en janz schlechtet Jefühl jehabt. Wo kommt se denn jetzt hin?« Er sieht besorgt aus und ich erkläre ihm, dass wir die alte Dame nicht mit zur Polizei nehmen, sondern dass sie mit dem Taxi zum Flughafen fahren möchte.

»En Taxi? Dat kann icke doch übernehmen, Frollein«, sagt er. »Ick hab wat jut zu machen, ick kann se fahren.«

Ich übersetze für die alte Türkin. Sie nickt gerührt, sie sagt, wie dankbar sie für das Angebot sei.

»Passen Sie gut auf sie auf«, ermahne ich den Nachbarn.

»Det mach ick, versprochen«, sagt er. Vielleicht kann er ihr helfen, das Flugticket zu kaufen. Er trägt ihr das Köfferchen und öffnet ihr zuvorkommend die Tür auf der Beifahrerseite. Dunya und ich winken der alten Frau zu, als sie ins Auto steigt. Hoffentlich kommt sie gut in der Türkei an, denke ich. Hoffentlich werden sich ihre Verwandten dort gut um sie kümmern.

5 FIFTY-FIFTY

Sevana und ich hatten unsere zweite Runde in der Förderklasse endlich hinter uns. Wir hatten hervorragende Zeugnisse bekommen und uns damit an einer Gesamtschule beworben. Wir wollten es trotz der Zweifel unserer Lehrer unbedingt versuchen.

»Trotzdem« war eine unserer wichtigsten Vokabeln geworden. Inzwischen hatte ich verstanden, wie das Schulsystem in Deutschland funktionierte. Mit einem Realschulabschluss würde ich nicht studieren können, aber auf der Gesamtschule hätte ich die Chance, Abitur zu machen. Ich war mir mittlerweile absolut sicher, dass ich studieren wollte, doch unser Gespräch mit dem Leiter der Gesamtschule verlief ganz anders als erhofft.

»Ihr habt gute Noten, aber ihr könnt kein Deutsch! Das wird nichts. Ich kann euch leider nicht annehmen«, hatte der Direktor gesagt. Ich war vollkommen niedergeschmettert und wieder einmal hatten Sevana und ich das Gefühl, dass hinter jeder sich uns öffnenden Tür die nächste verschlossene lag. Wir erzählten Jule von dem Treffen und das veränderte alles.

Jule war die Deutschlehrerin in unserem Kurs für Geflüchtete. Ruslan hatte Wort gehalten und Mama, mich und Sevana dorthin mitgenommen. So hatten wir Jule kennengelernt.

»Was sind eigentlich typische Gerichte in Aserbaidschan?«, fragte sie eines Tages, und meine Mutter lud sie daraufhin zum Essen ein, fabrizierte ein Reis-Pilaw und Dovga, eine traditionelle

Joghurtsuppe, und bewirtete sie mit großer Herzlichkeit. Wir saßen im Wohnzimmer auf unserer Eckcouch und redeten, und irgendwann kamen wir auf das Thema Schule. Wir erzählten von der Absage der Gesamtschule und dass uns jetzt nur die Möglichkeit blieb, es auf einer Realschule zu versuchen. Mit einem Realschulabschluss würden wir immerhin eine Ausbildung machen können.

»Zeigt mal eure Zeugnisse«, sagte Jule und studierte mit aufmerksamem Blick unsere Noten.

»Hmhm«, murmelte sie. »Wieso Realschule? Ihr habt überall Einsen. Warum versucht ihr es nicht auf dem Gymnasium?«

Krass, dachte ich. Sie kennt doch unsere Sprachkenntnisse. Wie kann sie das vorschlagen?

»Ich weiß nicht …«, entgegnete ich unsicher. Aber Jule strahlte mich und Sevana mit einem Mutmacher-Lächeln an.

»Glaubt mir, ihr könnt das schaffen!«

Sie war unsere Deutschlehrerin, dachte ich nach, wenn sie das sagte, würde sie schon einen Grund haben. Also beschlossen wir, es wenigstens zu probieren.

Ein paar Tage später holte Jule uns mit ihrem alten VW Käfer ab und fuhr mit uns zum Gymnasium in Mitte. Jule, Sevana und ich saßen im Büro der Direktorin. Meine Mutter hatten wir zu Hause gelassen. Wie hätte sie uns hier helfen können? Jule erklärte, warum wir ohne Eltern hier waren. Sie redete eine halbe Stunde mit der Direktorin und ich verstand höchstens die Hälfte. Ich versuchte, im Gesicht der blonden Frau mit den kurzen Haaren zu ergründen, wie unsere Chancen standen. Ich nahm ihren zweifelnden Blick war. Vielleicht fifty-fifty, folgerte ich; mit viel Glück auch sechzig-vierzig. Nach einer halben Stunde lächelte die Schulleiterin zum ersten Mal.

»Na gut«, sagte sie. »Erst einmal sechs Wochen Probezeit. In der siebten Klasse.«

Mein Herz hüpfte. Sie wollte uns eine Chance geben! Das hatte ich verstanden. Aber die siebte Klasse? Ich war schon sechzehn, Sevana siebzehn. Wir hatten viel Zeit verloren.

»Können wir bitte in die Achte?«, fragte ich flehend. »Bitte!«

Die Direktorin schüttelte energisch den Kopf.

»Ihr müsst ein ganzes Jahr Französisch nachholen, wie wollt ihr das schaffen?«

»Ich organisiere den beiden Nachhilfeunterricht«, versprach Jule.

Die Stirn der Direktorin lag wieder in Falten.

»Wirklich, ich werde mich darum kümmern«, beschwor Jule sie. Sevana und ich hielten vor lauter Aufregung den Atem an. Die Falten auf der Direktorinnenstirn glätteten sich.

»Na gut«, sagte sie. »Versuchen wir es.«

Ich war überglücklich. Jetzt hatten wir eine echte Perspektive. Was wirklich auf uns zukam, ahnten wir glücklicherweise in diesem Moment noch nicht.

Die ersten Wochen am Gymnasium waren schockierend. Es passierte etwas, das wir in Aserbaidschan niemals erlebt hatten und das im dortigen Schulsystem, wo auf diszipliniertes Auswendiglernen geschworen wird, einfach nicht vorgesehen war: Die Lehrerinnen und Lehrer fragten uns nach unserer Meinung. Wir sollten uns Argumente überlegen und diese vortragen, wir waren völlig überfordert, weil wir auf Pauken gedrillt waren. Steffen, ein Kommilitone von Jule, half uns regelmäßig bei den Hausaufgaben und schließlich, diskutieren zu lernen. Er provozierte uns einfach so sehr, dass wir widersprechen mussten und dabei lernten, uns auszudrücken. Jule und er halfen uns, ohne einen Cent dafür zu verlangen. Jule bezahlte sogar drei Monate lang unsere Französisch-Nachhilfelehrerin. Bis heute bin ich ihnen dankbar dafür.

Mathe erklärte uns Ruslan. Wir gingen ohnehin zweimal pro

Woche zu ihm, um Wäsche zu waschen. Ruslan hatte eine Waschmaschine, wir hatten keine, also liefen wir die zwei Kilometer mit unserem Hackenporsche voller dreckiger Klamotten zu ihm, befüllten die Waschmaschine, büffelten neunzig Minuten Mathe und liefen mit der nassen, sauberen Wäsche wieder nach Hause.

In der Schule waren wir Außenseiterinnen. Die anderen trugen Markenkleidung. Wir nicht. Die anderen hatten die neuesten Nokia-Handys. Wir nur ein uraltes. Es gab eine Handvoll Schülerinnen und Schüler, die sich immer wieder jemanden rauspickten, den sie fertigmachen konnten, und uns hänselten sie dauernd. Sie hörten auch nicht auf die Ermahnungen der Lehrerinnen und Lehrer. Sie hatten einfach keinen Funken Respekt vor ihnen und die Lehrpersonen schauten weg, wenn Sevana und ich weinten. Heute verstehe ich, dass sie überfordert waren. Einmal, als ich gerade von der Toilette kam, traf ich unsere Französischlehrerin mit tränennassem Gesicht vor dem Klassenraum. Sie war unsere Klassenlehrerin, die Einzige, die ich hätte um Hilfe bitten können, und sie schien selbst hilflos.

Wir kamen in die zehnte Klasse und im Fach Französisch war ich mittlerweile die Beste. Meine Mitschülerin Xenia, die jedes Schuljahr dicht an mir dran war, neckte mich oft. »Jetzt hole ich dich ein, Lana, warte nur.« Aber wenn ich dann wieder die bessere Klausur geschrieben hatte, lachte sie und sagte: »Ich gönne es dir. Du bist echt ein Sprachtalent.«

Xenia war eine der wenigen, die nett zu uns waren, was schön war, aber um sich gegen die Bullys der Klasse zu stellen, fehlte auch ihr der Mut. Zu groß war das Risiko, selbst zum Opfer zu werden. Immerhin waren wir nicht mehr ganz so arm, seit ich regelmäßig babysitten ging. Ich war sehr erstaunt darüber, wie die deutschen Eltern ihre Kinder erzogen. Sie redeten so viel mit ihnen. Meine Babysitting-Kinder waren noch klein, zwei und vier. Wenn die

Eltern wollten, dass eines die Schuhe anzog, dann sprachen sie geduldig mit ihm und erklärten, dass auf der Straße manchmal Scherben liegen und Schuhe die Füße schützen. Niemals wurde ein Kind geschlagen. Sogar wenn sie ihre Legosteine im ganzen Zimmer verteilten, erklärten sie noch, warum es Sinn macht, die Sachen aufzuräumen, anstatt die Kleinen anzuschreien oder Klapse zu verteilen.

Wenn ich als Kind trotzig war, hatte es Schläge gegeben. Sevana und ich haben uns in Baku oft mucksmäuschenstill unter dem Bett verkrochen, weil wir Angst hatten, dass meine Mutter uns verhauen würde. Meine Eltern liebten uns, aber es gehörte einfach zur Erziehung, dass den Kindern der Hintern versohlt wurde, nicht nur in unserer Familie. »Wer seine Töchter nicht schlägt, schlägt seine Knie«, sagte man in Aserbaidschan. Du wirst es bereuen, soll das heißen – wenn du deine Töchter nicht züchtigst, werden sie keine anständigen Menschen.

Meiner Mutter war es ungeheuer wichtig, dass wir uns anständig verhielten. Insbesondere, was Jungs anging. Wir sollten beide mal einen Aserbaidschaner heiraten, der für uns sorgen würde. So stellte Mama es sich vor. Aber das war so eine Sache. Ein paarmal hatte uns meine Mutter mit zu Treffen von Exil-Aserbaidschanern genommen. Sie schleppte uns nicht dorthin, damit wir unsere Zukünftigen kennenlernen, dafür waren wir in den Augen unserer Mutter viel zu jung. Aber es blieb nicht aus, dass wir uns mit jungen Männern unterhielten, was in meinem Fall abschreckende Wirkung hatte. Einem erzählte ich, dass ich studieren wolle.

»Wieso?«, fragte er und starrte mich verständnislos an. »Du wirst Kinder haben. Für Kinder ist die Mutter wichtiger als der Vater.«

Ich diskutierte nicht mit ihm, aber ich erzählte, dass ich nicht kochen könne. Wieder sah mich der junge Aserbaidschaner entgeistert an. »Du musst kochen lernen!«

»Wieso?«, fragte ich. »Man kann doch zusammen kochen, ein bisschen experimentieren«, schlug ich vor.

»Ein Mann hat in der Küche nichts verloren«, entgegnete er.

Er stellte sich vor, dass seine Zukünftige das Kochen und den gesamten Haushalt erledigen würde. Nicht nur für ihn, sondern für seine ganze Familie. Ich kannte das alles aus meiner Kindheit. Mit einer großen Familie, mit vielen Verwandten. Sie kommen meist unangemeldet, also musst du immer bereit sein, eine Horde von Menschen zu bewirten. Ein Dutzend Zwiebeln schneiden, Gemüse, Reisgerichte zaubern für zwanzig Leute, alle freuen sich über das köstliche Essen und du schuftest in der Küche. Die Frauen werden jung Mutter und dann sind sie für den Nachwuchs und den Haushalt zuständig, während die Männer hart arbeiten, um ihre Familien finanziell zu unterstützen.

Als Kind dachte ich, es würde für Frauen keine andere Lebensform existieren. Die aserbaidschanische Kultur war eben so, die Frauen fügten sich, weil sie es nicht anders kannten. So funktionierte das Leben, Frauen hatten in allen Berufen schlechtere Chancen als Männer, aber alle Frauen, die ich kannte, schienen glücklich mit dem Leben, das sie damals führten.

Jetzt lebte ich allerdings in Deutschland, und ich hatte in Berlin schon zu viel gesehen. Ich war mir sicher, ich wollte keine Ehefrau eines traditionell denkenden Mannes werden. Ich wusste, dass Sevana im Grunde genauso dachte. Aber unbemerkt von der gesamten Familie bahnte sich etwas an, womit niemand rechnete – nicht einmal sie selbst.

Ich lag auf dem Bett und war sauer. Seit ein paar Tagen drängelte sich Sevana andauernd vor und okkupierte den Computer, als wäre sie allein auf der Welt. Dabei teilten wir für gewöhnlich alles.

Den Tisch, das Bett. Und den Computer. Doch da saß Sevana seit Ewigkeiten und ich war mit Maria zum Chatten verabredet, ich wollte auch Nachrichten schreiben.

Tipptipptipp. Pause. Lesen. Wieder Getippe. Ich fragte mich, mit wem sie schrieb. Ich wusste, dass es weder Maria noch Xenia sein konnten, weil wir uns deren Nachrichten immer vorlasen. Ich stand leise vom Bett auf und schlich mich lautlos wie eine Katze hinter Sevana, bis ich über ihre Schulter schauen konnte.

Arif. Ein Männername. »Du fehlst mir ...« Aber nach drei Worten war alles dunkel. Sevana hatte den Monitor ausgeschaltet.

»Spinnst du?« Sie war wütend.

»Du hast die ganze Zeit gelogen! Mit wem schreibst du?«

»Geht dich nichts an! Hau ab.«

»Wieso erzählst du mir auf einmal nichts mehr?« Mich verletzte ihre Geheimniskrämerei. Egal, wie oft wir uns stritten: Wir vertrauten uns eigentlich alles an.

»Wieso denkst du, ich muss dir alles sagen?«

Die Tür ging auf. Meine Mutter.

»Warum schreit ihr so?«, fragte sie streng.

»Nur so«, behauptete Sevana.

»Sie hängt dauernd am Computer«, sagte ich. »Aber ich muss was für die Schule nachsehen.« Das war eine Lüge.

»Lass Lana an den PC, Sevana«, sagte meine Mutter streng. Sevana schnaubte. Ich grinste. Sevana sah mich aus schmalen Augenschlitzen bitterböse an, drückte demonstrativ lange auf den Ausschaltknopf des Rechners, bis das leise Rauschen des Lüfters aufgehört hatte, stand auf und gab den Platz für mich frei. Ich hatte erreicht, was ich wollte. Aber ich konnte mich über meinen kleinen Sieg nicht freuen. Dass Sevana mir nichts von ihrem Chatpartner erzählt hatte, war kein gutes Zeichen.

Drei Tage später drohte ich Sevana, unserer Mutter zu erzählen, dass sie mit einem Fremden schrieb. Das würde unserer Mutter mit Sicherheit nicht gefallen. Sie ermahnte uns dauernd, dass wir keinen Freund haben dürften. Egal, ob wir beim Einkaufen einem verliebten Pärchen begegneten oder ob wir von einer Schulfreundin erzählten, die einen Freund hatte. Meine Mutter sah dieses »zügellose« Leben als ultimative Bedrohung für anständige Mädchen, die mal heiraten sollten. Sie fürchtete, dass die Freiheit und Unverbindlichkeit, die sie überall in Berlin sah, uns verderben würden.

»Sag mir, wer er ist! Sonst …«

»Er ist kein Fremder«, fauchte meine Schwester. »Ich kenne ihn aus Baku.«

Sie hatte ihn getroffen, als wir in den letzten Sommerferien zu Besuch in Aserbaidschan waren. Meine Tante hatte ein großes Familienfest ausgerichtet, bestimmt fünfzig Leute waren dort. Auch Arif, ich erinnerte mich an ihn. Und jetzt, viele Wochen später, hatte er sie bei MSN gefunden, ganz zufällig.

»Aber wir sind bloß Freunde«, behauptete Sevana. Ich schüttelte zweifelnd den Kopf, aber ich wollte mir auch nicht vorstellen, dass das etwas Ernstes wäre. Um Himmels willen, Arif lebte in Florida! Er hatte dort einen Handwerksbetrieb, wofür ihn alle bewunderten. Der hat etwas erreicht, sagten sie in Baku. Ein eigenes Business! Ein erfolgreicher Mann.

Meine Schwester war erst neunzehn, sie hatte noch einige Jahre Schule vor sich, sie sollte Abitur machen. Was wollte sie mit diesem erwachsenen Mann, der vermutlich auf der Suche nach der Mutter seiner Kinder war? Das konnte nicht ihr Ernst sein. Ich hoffte damals wirklich, es würde vorübergehen, weil sie sich ja sowieso nie sehen würden. Doch dann stand er eines Tages vor unserer Tür.

Arif war etwas größer als meine Schwester, er sah gut aus. Aber ich mochte ihn nicht. Von der ersten Sekunde an, die er in unserer Wohnung verbrachte, war er mir zutiefst unsympathisch.

»Ich habe euch Geschenke mitgebracht«, sagte er und zog einige hübsch verschnürte Seidenpapierpäckchen aus seiner Ledertasche. Sevana packte ein Tuch aus, groß wie ein Bettlaken, es war wunderschön. Türkisfarbenes Meer, Palmen, Sonne und Delfine. Darüber in pinkfarbenen Buchstaben: FLORIDA. Ich wickelte etwas Glitzerndes aus. Goldene Ohrringe, das Wertvollste, was ich seit langer Zeit bekommen hatte. Ich schaute zu Sevana hinüber, die ebenfalls Ohrringe bekommen hatte, aber nur Augen für den Besucher hatte. Sie himmelte Arif an. Meine Mutter war in der Küche und kochte Tee. Ich fragte mich kurz, ob sie irgendetwas ahnte, aber sie schien zu glauben, dass dies ein ganz normaler Verwandtenbesuch sei. Arif hatte erzählt, er sei auf der Durchreise, so ein netter Zufall, eine prima Gelegenheit für einen Besuch bei den Berliner Aserbaidschanerinnen! Sobald meine Mutter mit dem Tablett voller Kekse und Teetassen wieder im Raum war, setzte Sevana ein teilnahmsloses Gesicht auf. Meine Mutter ahnte nichts davon, doch ich konnte ihr ansehen, dass sie verknallt war.

Arif blieb eine Woche. In dieser Zeit traf Sevana sich heimlich mit ihm. Ich wusste es genau, denn sie war weg, aber unsere Freundinnen waren nicht mit ihr unterwegs. Wenn sie kurz vor Einbruch der Dunkelheit zurückkam, glühten ihre Wangen.

Ich beobachtete voller Unruhe, wie sich das gesamte Fühlen und Wünschen meiner Schwester auf diesen Typen in Florida richtete. Zuerst hatte ich es nicht ernst genommen. Ein Chat, lächerlich, was sollte daraus schon werden. Aber nun war ein echter Mensch hier in Berlin aufgetaucht und mit seinem Besuch veränderte Sevana sich. Sie zog auf einmal keine kurzen Röcke mehr an, was leise Beklemmung in mir auslöste. Ich begann zu ahnen, dass

Arif aus meiner Schwester, die in ihm die Rettung vor der elterlichen Strenge und dem Mobbing an der Schule sah, die dennoch ihre eigenen Ambitionen und Ziele hatte, eine traditionelle Ehegattin formen würde, dazu geschaffen, seine Wünsche zu erfüllen. Wenn ich mit ihr über Arif sprechen wollte, war sie uneinsichtiger als je zuvor.

»Sevana, wenn du Designerin werden willst, mach die Schule fertig!«, beschwor ich sie. »Er wird Kinder haben wollen und dann bist du in einem Jahr Hausfrau. Aber du kannst so viel aus deinem Leben machen … du bist noch zu jung …!«

»So ist er nicht, Lana. Hör einfach auf, ihn schlechtzumachen. Er hat mir versprochen, dass ich studieren darf«, antwortete sie trotzig. »Und ich liebe ihn!«

»Mach Schluss!«, flehte ich sie an. »Stell dir vor, was passiert, wenn Papa das erfährt!«

»Dann gehe ich eben zu Arif nach Amerika«, sagte Sevana schulterzuckend, und weil mir die Entschlossenheit in ihrer Stimme große Sorgen bereitete, vertraute ich mich eines Abends meiner Mutter an, und ein regelrechter Sturm brach los.

»Wie kannst du uns nur so hintergehen, Sevana!«, schrie sie, hob die Hände und ballte sie zu Fäusten. »Dein Vater bekommt einen Herzinfarkt, wenn er das erfährt!« Sie seufzte schwer. »Wir tun alles für dich. Alles! Du darfst zur Schule gehen. Warum jetzt dieser Mann? Du kennst ihn doch gar nicht. Dein Vater wird das nie akzeptieren.«

Sie ließ sich auf den Küchenstuhl sinken und strich sich über die Arme. Ich sah ihr an, dass sie scheußliche Schmerzen hatte. Polyneuropathie, eine Folgeerkrankung der Diabetes, unheilbar und manchmal, wenn sie sich aufregte, besonders schlimm. Meine arme Mama war fix und fertig und ich war voller Sorge, dass sie zusammenklappen könnte. Ich fühlte mich elend, denn irgendwie wäre das meine Schuld, weil ich ihr von Sevanas Geheimnis erzählt hatte.

»Ich muss deinen Vater anrufen«, verkündete meine Mutter, und plötzlich klang ihre Stimme ganz ruhig. Sie griff zum Telefon und wählte die Nummer in Baku. Ich spürte, dass Sevana den Atem anhielt. Obwohl er so weit weg war, hatten wir beide großen Respekt vor unserem Vater. Wir rechneten damit, dass er aufs Ärgste enttäuscht wäre, weil sie heimlich etwas mit einem Mann angefangen hatte.

In meiner Familie sind Liebe, Ehe und Anstand untrennbar miteinander verbunden. Meine Mutter und mein Vater lernten sich kennen, als meine Mutter noch zur Schule ging, in dem kleinen Dorf, in dem sie beide geboren und aufgewachsen waren. Er, der fünf Brüder hatte, verliebte sich in das ernste Mädchen mit den pechschwarzen Haaren, das in der Schule so gut war, dass die Lehrer sie als leuchtendes Vorbild tatsächlich einmal auf den Schultisch vorn an der Tafel stellten, sodass die anderen sich ein Beispiel nehmen würden. Sie, die Älteste von sechs Schwestern, wies ihn zunächst ab. Doch mein Vater umkreiste sie hartnäckig. In Aserbaidschan läuft der Junge dem Mädchen, das ihm gefällt, beharrlich hinterher. Wenn die Angebetete ihn zurückweist, zeigt er ihr umso deutlicher, dass er um sie kämpft. So wartete mein Vater täglich vor der Schule, wenn meine Mutter den Heimweg einschlug. Er begleitete sie über die Feldwege, plauderte mit ihr und bot an, ihre Schultasche zu tragen. Falls sie seine Gefühle erwiderte, würde sie ihn heiraten. Mein Vater war achtzehn und ohne Scheu, die Verpflichtungen einer Ehe einzugehen, meine Mutter aber erst sechzehn Jahre alt und noch nicht bereit, sich seinem Werben zu öffnen. Er ging für eine Weile nach Russland, um Geld zu verdienen, um seine Familie zu unterstützen; doch er kam wieder, um seine erste große Liebe endlich zu erobern. Jeder Schritt auf ihrem

Weg zueinander fand unter den Augen ihrer strengen Verwandtschaft dadurch Anerkennung, dass schließlich beide eine Ehe miteinander eingehen wollten. Bloß intime körperliche Begegnungen waren ausgeschlossen. Meine Mutter musste als Jungfrau in die Ehe gehen. Sie heiratete meinen Vater, als sie noch nicht einmal zwanzig war.

Ich rechnete damit, dass mein Vater Sevana befehlen würde, die heimliche Beziehung zu Arif augenblicklich zu beenden. Doch er reagierte ganz anders, als wir erwartet hatten.

»Dein Vater möchte mit dir sprechen«, sagte meine Mutter, nachdem sie lange erzählt und kurz zugehört hatte, und reichte Sevana den Hörer weiter.

»Meine Tochter, bist du dir wirklich sicher, dass du mit diesem Mann zusammen sein willst? Bedenke, dass du ihn kaum kennst.«

»Aber ich liebe ihn und er liebt mich«, erwiderte Sevana. »Er will mich heiraten. Und er kann für mich sorgen. Er verdient gut, Papa.«

Seit wir in Deutschland lebten, hatte Geld eine viel größere Bedeutung gewonnen als jemals zuvor. Geldnot war zu einem immerzu gegenwärtigen und manchmal quälenden Thema geworden. Wir sparten beim Einkauf, statt Joghurt aßen wir Vanillepudding für neunzehn Cent, den billigsten, den wir im Supermarkt finden konnten, und Äpfel kaufte ich säckeweise, weil das günstiger war. Wir sparten bei den Klamotten und bekamen das Tag für Tag in der Schule zu spüren: War die Hose mal ein Teppich?« Wir waren schon so oft ausgelacht und verletzt worden. Ich konnte verstehen, dass Sevana sich eine Flucht aus alldem wünschte.

Mein Vater und meine große Schwester sprachen über Florida und darüber, was die Ehe bedeutet. Es klang wie ein Gespräch zwischen Erwachsenen, nicht zwischen einem Vater und seinem Kind.

Mir wurde ganz übel bei dem Gedanken, dass Sevana uns verlassen und sich in eine ungewisse Zukunft mit einem Mann verabschieden würde, den sie kaum kannte. Doch an diesem Abend wurde mir klar, dass keiner von uns etwas tun konnte, um sie daran zu hindern.

Wenige Wochen nach der Offenbarung hatten meine Eltern und Arif einen Termin für die Hochzeit gefunden. Auf einmal drehte sich alles nur noch darum, ein vorzeigbares Hochzeitsfest auszurichten.

Für mich war Sevanas Bräutigam immer noch ein Unbekannter aus einem fernen Land. Ich war davon überzeugt, dass er seiner Ehefrau bedingungslose Unterordnung abverlangen würde. Meine Eltern dagegen schienen erleichtert zu sein, dass nun alles den Regeln des Anstands folgen würde. Sie ließen Einladungen für die Hochzeitsfeier drucken, die in Baku stattfinden sollte. Sevana und ich schrieben Namen und Adressen von Arifs und unseren Verwandten auf Hunderte von Karten.

In traditionellen Familien wird die Hochzeit zweimal gefeiert. Einmal mit der Familie des Ehegatten, einmal mit der Familie der Frau. Arif und Sevana hatten sich jedoch für eine einzige Feier entschieden, für eine moderne Hochzeit. Das Besondere war, dass die eigentliche Trauung vor dem Standesamt in Florida stattfinden würde, Wochen nach dem Fest in Baku. Es schien einfacher, es müssten keine Dokumente ins Englische übersetzt werden und Sevana würde mit einem Verlobtenvisum einreisen können.

Über ein Reisebüro buchten wir unsere Reise und flogen nach Baku. Unser Vater empfing uns mit großer Freude und die Tanten brannten darauf, mit uns schöne Kleider auszusuchen. Einige Tage vor der Hochzeitsfeier holten sie uns zu Hause ab.

»Ruh dich aus, Schwesterchen«, beruhigten sie meine Mutter, die von der Reise erschöpft war. »Wir kümmern uns um alles.«

In einem riesigen Laden voller weißer Tüllroben, wo Sevana sich ihr Kleid ausleihen sollte, ging es als Erstes um die Frage, wie viel Dekolleté eine anständige Braut zeigen dürfe. Meine Tante hielt die flache Hand ziemlich weit oben an ihre Kehle, wo ihrer Meinung nach die Grenze des Anstands lag, und Sevana drückte sie lachend einige Zentimeter tiefer.

Zwei Verkäuferinnen beobachteten aufmerksam die Verhandlungen der Generationen. Sie standen bereit, um Kleider herbeizutragen, und warteten nur darauf, dass die Dekolletéfrage ausdiskutiert war.

»Was haltet ihr davon«, fragte Sevana und schmachtete ein Kleid an, das von zwei zarten seidenen Trägern über den Schultern gehalten wurde und den Blick auf die Schlüsselbeine der Schaufensterpuppe und einen Teil des Dekolletés zuließ.

»Kindchen!«, quietschte meine Tante entsetzt und neigte skeptisch den Kopf. »Ein wenig freizügig, meinst du nicht? Die Gäste werden reden. Wie wäre es denn damit?«

Sie deutete auf ein Kleid, das eine Art Stehkragen hatte, halblange Ärmel und glitzernde Pailletten auf dem weißen Satinrock. Glitzer gefiel Sevana überhaupt nicht. Wir hatten Jahre des Zwangsglitzerns hinter uns, weil die Sachen vom türkischen Basar immer mit Pailletten oder Glitterprints verziert waren. Sie schüttelte energisch den Kopf.

»Lass mich das aussuchen. Es ist schließlich meine Hochzeit.«

»Natürlich, mein Kind«, seufzte die Tante. »Du sollst ja ein Kleid haben, das dir gefällt. Aber bedenke, dass die Verwandten urteilen werden. Was du trägst, wird auf die gesamte Familie zurückfallen und auch dein Bräutigam wird erwarten, dass du ein anständiges Kleid trägst.«

Die Tante tätschelte Sevana beruhigend den Arm, als wäre sie ein bockiges Kind. Ich musste innerlich grinsen, weil ich genau wusste, dass meine Schwester sowieso ihren Kopf durchsetzen würde. Die Verkäuferinnen lächelten diplomatisch, huschten davon und rollten schließlich einen Kleiderständer mit sechs Roben herbei, die alle einen Ausschnitt hatten, der Sevana zusagen würde. Die Tante seufzte verzweifelt, Sevana rollte die Augen und verschwand mit einer Verkäuferin in der Umkleidekabine. Nach ein paar Minuten erschien sie in einem wirklich tollen Kleid, das ihr Dekolleté zeigte. Sevana strahlte, als sie sich im Spiegel betrachtete.

Sevana probierte zwei weitere Kleider an und entschied sich für eine elegante, vanilleweiße Satinrobe mit geschmackvollen Stickereien. Der Ausschnitt wurde von den Tanten als züchtig genug abgesegnet und selig ließ meine Schwester den langen Rock hin und her schwingen.

Das Kleid, das wir für mich aussuchten, war feuerrot, hatte einen Rock mit mehreren Volants und erinnerte mich an spanische Tänzerinnen. Die Tanten achteten gewissenhaft darauf, dass meine Knie bedeckt waren, und als auch das sichergestellt war, ließen sie mein Kleid einpacken.

Am nächsten Tag kam Arif zu Besuch. Er gab sich alle Mühe, freundlich zu sein, aber ich war sicher, dass er uns allen etwas vormachte. Ich sprach nur das Allernötigste mit ihm und war froh, als er nach zwei Stunden endlich ging. Sevana begleitete ihn hinaus, und als sie ins Wohnzimmer zurückkehrte, knallte sie zornig die Tür hinter sich zu.

»Das ist doch Scheiße, du bist einfach nicht nett zu ihm«, fauchte sie. »Du verdirbst mir alles!«

»Spinnst du? DER mag MICH nicht, merkst du das gar nicht?«, verteidigte ich mich. »Mama, sag du doch mal was!«

»Lana, sei einfach nett zu Sevanas Bräutigam«, stieß meine Mutter aus, und ich fühlte mich vollkommen hilflos. Diese Hochzeit würde stattfinden, die Feier am nächsten Tag würde stattfinden und ich konnte nichts tun, als zu versuchen, mich mit meiner Schwester zu freuen.

In der kleinen Wohnung in Baku, in der wir früher zu viert gewohnt hatten, wimmelte es von Frauen. Schon früh am Morgen war die erste Tante gekommen, um Sevana mit ihrer Frisur zu helfen, während sie selbst den ganzen Tag über damit beschäftigt war, Tanten, Cousinen, mich und sich selbst zu schminken. Sie wusste genau, wem welche Farbe gut stand und dass ein Hauch Lidschatten in der richtigen Farbe Wunder bewirken konnte. Meine Schwester war in ihrem Element.

Als es Abend wurde, versammelten wir uns mit allen Gästen in der Halle, in der die Feier stattfinden würde. Sevana war eine wunderschöne Braut. Sie sah glücklich, stolz und erwachsen aus in ihrem Hochzeitskleid. Der Saal war prächtig geschmückt. Weißgoldene Stoffbahnen verhüllten Teile der betongrauen Hallendecke. Unzählige runde Tische standen für die Gäste bereit. Es waren gut dreihundert Leute eingeladen, ein riesiges Hochzeitsfest. Sogar Jule, unsere Deutschlehrerin, war angereist. Sie saß am Tisch mit einigen meiner Cousinen, die sich sehr nett um sie bemühten. Als ich irgendwann mitbekam, dass Jule Alkohol bestellte, hielt ich kurz den Atem an, denn aserbaidschanische Frauen trinken keinen Alkohol. Doch es schien in Ordnung zu sein, da Jule eine Deutsche war.

Am Eingang saß ein Onkel mit dem Notizbuch, in welches akribisch genau die Höhe der Geldgeschenke eingetragen wurde, daneben die Namen der Schenkenden. Ein Moderator kündigte am Mikrofon immer wieder neue Redner an, und jeder, der uns irgendwie nahestand, wünschte dem Brautpaar in blumigen Worten alles erdenklich Gute für das gemeinsame Eheleben.

Jule hielt eine Rede auf das Brautpaar und ich übersetzte. Sie sagte schöne Dinge über Sevana, über ihre Lebensfreude und wie stolz sie auf alles sein könne, was sie erreicht habe. Sie wünschte ihr Glück für die Zukunft und klang so hoffnungsvoll, dass ich beinahe bereit war, an das Eheglück meiner Schwester zu glauben. Wir tanzten und feierten, irgendwann gingen die Älteren und die Jüngeren machten aus der Halle eine Partylocation, die ebenso irgendwo in Berlin hätte stehen können.

Während der gesamten Feier wich ich Arif aus. Er versuchte in seiner betont freundlichen Art, mit mir ein Gespräch anzufangen, doch ich ignorierte ihn. Ich kannte ihn nicht gut und dennoch war ich sicher, dass von ihm nichts Gutes ausging. Wenn ich zurückblicke, ist mir bewusst, wie klar mein Instinkt mich geleitet hat.

Irgendwann spät in der Nacht verließen Arif und Sevana gemeinsam den Saal, um in eine Limousine zu steigen, die sie zu der Wohnung bringen würde, die Arif für einige Tage gemietet hatte.

Nur zwei Tage später stieg Arif in ein Flugzeug Richtung Amerika, während Sevana noch ein letztes Mal mit meiner Mutter und mir nach Deutschland reiste, um bei der US-Botschaft in Frankfurt alle Formalitäten für die Einreise nach Florida zu klären. Zwei Wochen später flog auch sie, voller Abschiedsschmerz, aber auch mit der Hoffnung auf ein freieres, besseres Leben, und ich blieb allein mit meiner Mutter in Berlin zurück. Unsere Familie war nun auf Amerika, Deutschland und Aserbaidschan verteilt und es war nicht absehbar, wann ich meine Schwester wiedersehen würde. Ich dachte damals, die Einsamkeit würde mich umbringen. Doch mit Sevanas Abreise öffnete sich die Tür zu einer Zukunft, die auch für mich eine Wendung bereithielt.

6 TOILETTENTERROR

Ich mag den Schichtdienst aus verschiedenen Gründen. So hat man beispielsweise unter der Woche mehr Zeit, Dinge zu erledigen. Natürlich hat sich der Freundeskreis aufgrund dieses Arbeitsrhythmus verändert. Während die meisten Menschen am Wochenende regulär freihaben, bin ich häufig im Dienst. Verständnisvolle Freundinnen und Freunde bleiben, andere Kontakte sind über die Jahre verloren gegangen. Doch ich bin froh, nicht alle Termine und Unternehmungen auf das Wochenende schieben zu müssen, wenn die halbe Menschheit freihat und überall lange Schlangen mehr oder weniger genervter Kundinnen und Kunden stehen.

Neulich vor dem Dienst war ich mit meinen Kolleginnen Isabel und Dunya shoppen. Ferhat hatte uns zu seiner Hochzeit eingeladen und Isabel brauchte ein Kleid. Es sollte das erste Kleid sein, das sie seit ihrer Kindheit getragen hat. Sie ist seit über zwanzig Jahren Polizistin und hat ihr Leben bisher in Hosen und Uniform verbracht. Und nun – direkt ein Partydress!

»Ist das überhaupt eine gute Idee mit dem Kleid? Ich werde keins finden, das mir steht«, hat sie gesagt.

»Doch, wir finden eins«, versuchte ich sie zu beruhigen.

»Du wirst super aussehen in einem Kleid«, meinte Dunya, während sie sich drei verschiedene Modelle über den Arm legte. Ferhat stammt aus der Türkei und es würde ein großes Hochzeitsfest geben. Also brauchten wir alle schicke Kleider. Die Auswahl war riesig und nach einer halben Stunde hatte Isabel ein Kleid gefunden, dunkelrot und einfach perfekt für sie.

In Momenten wie diesen sind meine Kolleginnen und ich einfach Freundinnen. Wir kennen uns lange und wir kennen uns gut. Wenn es jemandem nicht gut geht, gibt es immer eine Person, die ihn oder sie aufheitert. Einmal, als ich nach einer Trennung Liebeskummer hatte, habe ich meine geplanten Urlaubstage zurückgegeben und bin lieber arbeiten gegangen. Durch die abwechslungsreichen Einsätze und die Kolleginnen und Kollegen würde ich besser abgelenkt sein, war meine Hoffnung. Den vorgesehenen Urlaub habe ich lieber zu einem anderen Zeitpunkt genommen. Jede und jeder geht mit solchen Situationen anders um, für mich war diese Entscheidung die richtige Lösung. Wenn mich jemand fragt, was mir meine Dienstgruppe bedeutet, dann finde ich eigentlich nur eine Antwort passend: Die Kolleginnen und Kollegen sind für mich wie eine zweite Familie. Wir reden und lachen viel zusammen. Hin und wieder kommt es zu Meinungsverschiedenheiten, die wir meist untereinander klären können. Die Arbeit schweißt zusammen. Im Dienst erleben wir herausfordernde Dinge, manchmal aber auch kuriose. So wie heute Nacht.

Eine aufgeregte Frau bittet um unsere Hilfe, weil ihr Nachbar sie terrorisiert, wenn sie auf die Toilette geht. Ich kann mir nicht genau vorstellen, worum es geht, deswegen setzen Kian und ich uns in den Funkwagen und fahren sofort hin, um der Sache auf den Grund zu gehen. Nachts oder am Wochenende rufen gern mal Leute an, bei denen es tropft oder leckt, und wenn die Feuerwehr bei einem Wasserschaden anrücken muss, sind wir oft dabei. Manchmal kann es sein, dass Türen geöffnet werden müssen, denn nicht immer sind die Bewohnerinnen und Bewohner zu Hause, wenn die ungebetenen Fluten sich in ihren vier Wänden ausbreiten. Aber bei der Sache mit dem Klo scheint es um etwas anderes zu gehen.

»Jedes Mal, wenn ich auf die Toilette gehe, randaliert der Mieter von oben«, flüstert die junge Frau, die uns wenige Minuten später die Tür öffnet, eine schmale Studentin, die bleich und ängstlich ins Treppenhaus lugt, fast um sicherzugehen, dass dort nicht schon ihr Nachbar lauert. Ich schaue mich kurz um, aber niemand ist zu sehen.

»Dürfen wir reinkommen?«, frage ich leise, mir scheint, der jungen Frau wäre wohler, wenn der Nachbar nichts von unserer Unterhaltung mitbekommt. Sie nickt und ich komme zur Sache. »Was ist denn genau passiert?«

»Wenn ich spüle, macht er diesen wahnsinnigen Lärm.«

»Könnten Sie einmal auf die Toilette gehen und uns das zeigen?«, bitte ich sie.

Die Studentin zögert kurz. Es ist fast elf, aber auf die Toilette muss man eben auch nachts und wir möchten uns ein Bild davon machen, was hier vor sich geht, wenn sie ihre Notdurft verrichtet. Ihr ängstliches Gesicht lässt mich vermuten, dass sie schon einige unerfreuliche Begegnungen mit dem Herrn von oben hatte. Dann verschwindet sie hinter der schmalen Toilettentür und wir hören es rauschen, erst langsam, dann schwillt es an, und irgendwann am Ende der Wasserkaskade gurgelt es in den Sanitäranlagen. Das Gurgeln ist kaum verebbt, da dröhnt ein ohrenbetäubendes Hämmern von oben herunter. Es klingt, als würde jemand mit einer Eisenstange gegen die Heizungsrohre schlagen – ein Höllenlärm.

»Macht er das jedes Mal? Auch tagsüber?«, fragt Kian erstaunt.

»Ja«, seufzt die Studentin. »Und ich trau mich gar nicht mehr raus ins Treppenhaus. Ich versuche immer, mich ganz leise rein- und rauszuschleichen, weil er so aggressiv ist. Ich hätte auch keine Chance gegen den, so als Frau … der ist ja viel stärker als ich.«

Kian und ich tauschen einen Blick aus. Wir werden nach oben gehen, um zu überprüfen, woher der Lärm genau kommt. Ein Stockwerk höher gibt es zwei Wohnungstüren und wir klingeln erst einmal an der, die direkt über der Studentinnenwohnung liegt. Auf dem Klingelschild steht ein arabischer Name, ein kahlköpfiger Mann öffnet uns die Tür, locker zwei Köpfe größer als die Studentin und massiv gebaut. Er schaut alles andere als erfreut, als er uns sieht.

»Guten Tag, wir wurden gerufen, da …«, beginne ich, und dann komme ich nicht mehr dazu, weiterzusprechen, denn der Mann pöbelt los.

»Mit der türkischen Polizei rede ich nicht!«

»Moment mal, hören Sie …«, versuche ich es weiter. Er fällt mir sofort ins Wort.

»Mit dir spreche ich nicht!«

»Gut«, sage ich ganz ruhig und entscheide, erst einmal nicht selbst weiterzumachen. Ich möchte nicht, dass die Situation eskaliert, also übergebe ich an Kian, meinen deutschen Kollegen mit den hellblonden Haaren.

»Reden Sie mit ihm«, sage ich.

»Sie müssen Respekt haben«, sagt Kian. »Auch vor meiner Kollegin.«

»Vor der türkischen Polizei habe ich null Respekt!« Der Mann schaut mich feindselig an.

In solchen Situationen ist es wichtig, dass wir uns nicht provozieren lassen. Wir sind in erster Linie hier, um zu klären, was passiert ist, und um sicherzustellen, dass der Streit zwischen der Studentin und dem Nachbarn nicht in eine gewaltsame Auseinandersetzung mündet. Manchen Leuten passt es eben nicht, dass ich nicht aus Deutschland stamme, und sie versuchen mich zu beleidigen, aber ich nehme es nicht persönlich. Ich bleibe einfach wachsam und achte darauf, dass bestimmte Grenzen nicht überschritten werden.

Einmal wurden wir zu einer Streitigkeit zwischen zwei Frauen gerufen, sie waren Freundinnen, aber die beiden hatten sich dermaßen gezofft, dass die eine den Notruf gewählt hat. Ich bin mit Emre hingefahren. Die Anruferin hat behauptet, sie hätte ihrer Freundin Geld geliehen, und zwar sieben Euro, und die Freundin würde es ihr nicht zurückgeben.

»Sie schuldet mir sieben Euro. Ich hab es ihr schon tausendmal gesagt, aber sie rückt die Kohle einfach nicht raus. Sie wohnt hier in der zweiten Etage. Geht nach oben und bringt mir das Geld runter! Ich habe ihr gesagt, dass sie schon sehen wird«, forderte die Anruferin.

Wenn Menschen sich gegenseitig Geld leihen und es dann schuldig bleiben, ist das eine zivilrechtliche Angelegenheit. Da können wir freundlich mit jemandem reden, aber nichts erzwingen. Die betreffenden Personen haben die Möglichkeit, sich einen Anwalt zu nehmen, wenn sie nicht wissen, wie sie an ihr Geld kommen sollen.

Die Anruferin hat einen ganz roten Kopf bekommen, als wir mit unserer Erläuterung fertig waren.

»War ja klar, dass ihr mir nicht helfen könnt! Ihr seid ja keine deutschen Polizisten! Ich will die deutsche Polizei! Ich schreibe eine Beschwerde!« Woraufhin sie laut zu schreien begann, sodass ein älterer Herr, der das Ganze mit angehört hatte, hinterher zu uns kam und uns gesagt hat, wie schlimm er es fände, wenn die Menschen uns wegen unserer Herkunft beschimpfen, und er würde bezeugen, dass wir uns absolut korrekt verhalten hätten. Ich fand es sehr nett, dass er sofort seine Unterstützung angeboten hat.

Beschimpft und vorverurteilt werden wir immer mal wieder

auf unterschiedliche Arten. Manchmal denke ich, es ist der Ärger über anderes, den die Menschen an uns auslassen.

Während ich rassistisch beleidigt werde, werden meine Kolleginnen und Kollegen ohne Migrationshintergrund hin und wieder bezichtigt, rassistisch zu sein. Manchmal helfen klärende Gespräche, aber nicht immer.

»Haben Sie eben so einen Lärm gemacht?«, fragt Kian den Mann, der nicht mit mir reden will. Er nickt und guckt meinen Kollegen mürrisch an.

»Die Klospülung von der da unten ist viel zu laut!«

»Dann reden Sie doch mit ihr. Sie können gemeinsam die Hausverwaltung benachrichtigen. Ihre Nachbarin kann ja nichts dafür.«

»Ist mir egal! Die soll die Klospülung nicht benutzen!«, schimpft der Mieter und baut sich breitschultrig vor uns auf. Ihm ist anscheinend völlig egal, ob in der Toilette der Studentin ein stinkender Fäkaliensumpf entsteht. Sein ganzes Verhalten unterstreicht das, was uns die Studentin erzählt hat, und ich verstehe gut, warum sie Angst hat. Mein Gegenüber schaut so wütend, als würde er am liebsten sämtliche Nachbarn und uns beide vermöbeln. Niemand kann sagen, ob er vor einem Angriff auf die Studentin zurückschrecken würde, nur weil sie eine Frau ist. Allein das Unberechenbare, was von ihm ausgeht, kann furchteinflößend wirken.

»Hören Sie mal zu!«, sagt Kian bestimmt. »Unterlassen Sie den Lärm. Lösen Sie das lieber mit einem Gespräch.«

Wir gehen runter zur Wohnung der Studentin, die an der offenen Tür auf uns wartet.

»Sie können so oft auf die Toilette gehen, wie Sie möchten«, sage ich bestimmt. »Sollte Ihr Nachbar noch mal so reagieren, rufen Sie bitte sofort den Notruf. Sie sollten jedoch versuchen, das Problem gemeinsam mit Ihrer Hausverwaltung zu lösen.« Die Studentin nickt zwar dankbar, aber die Angst steht ihr noch ins Gesicht geschrieben.

Als wir auf dem Abschnitt ankommen, duftet es köstlich nach Hummus, Ful-Mudammas und Falafelbällchen. Ahmed bereitet Essen vor. Mein Dienst geht heute bis um drei. Ich habe mir schon früh am Abend ein paar gefüllte Paprika aufgewärmt.

Bei uns auf dem Abschnitt gibt es eine Küche und viele von uns können gut kochen. Gemüse, Hirse, Reis, leckere Gewürze, alles frisch. Einige Kolleginnen und Kollegen achten besonders darauf, sich gesund zu ernähren. Viele versorgen andere mit, wenn sie kochen. Ich mag es, diese herzliche Art, mit der sich die Leute in meiner Dienstgruppe umeinander kümmern.

Aber bevor in dieser Nacht Ahmeds Mahl fertig ist, kommt der zweite Anruf in Sachen Toilettenterror. Diesmal fahren wir direkt mit zwei Funkwagen los, weil der Mann schon bei unserem ersten Besuch so aggressiv war. Wir stehen zu viert vor seiner Tür – ich, außerdem Dunya, die selbst arabischstämmig ist, Alex und Kian.

»Wir haben Ihnen ja vorhin erklärt, dass Sie nicht noch einmal an die Heizung klopfen sollen«, beginne ich, und wieder reagiert der Mann ähnlich aggressiv wie bei dem ersten Einsatz.

»Mit dir spreche ich nicht!«, fährt er mich an.

Ich rede einfach weiter und gestikuliere dabei ein wenig. Ich stehe zwei Meter von dem Mann entfernt und komme ihm mit meinen Händen nicht einmal nahe, aber auf einmal kommt er näher und schlägt mit seiner kräftigen Faust meine linke Hand weg.

Die Grenze ist überschritten. Er leistet Widerstand, während wir versuchen, ihm die Handfesseln anzulegen. Mit Mühe gelingt es uns, ihn zu viert zu Boden zu bringen. Dunya, die groß und stark ist, hält seine Arme, während ich die Handfesseln anlege und die anderen ihn festhalten. Glücklicherweise hat er niemanden mit seinen Tritten verletzt.

»Du türkische Hurentochter!«, stöhnt er.

»Denken Sie, es trifft mich, wenn Sie so etwas sagen? Sie kennen meine Eltern nicht, das verletzt mich überhaupt nicht«, sage ich ruhig.

»Weil du keine Ehre hast!«, stößt er hervor. »Du bist so billig, und die israelische Polizistin genauso!« Er wirft Dunya einen feindseligen Blick zu. »Jüdin! Türkenhure! Was kostet euer Arsch?«

»Jetzt reicht es!«, sagt Dunya.

Während sie ihn rechtlich belehrt, fährt er mit seinen Beleidigungen fort.

»Haben Sie etwas getrunken? Alkohol? Drogen?«, fragt Kian.

»Ich trink nix«, antwortet er. »Hab bloß was genommen.«

Er stimmt der Entnahme einer Blutprobe zu und wir führen ihn ab. Kian bugsiert den Mann in den Funkwagen und setzt sich neben ihn. Ich fahre. Wir werden ihn zur Gefangenensammelstelle bringen, wo Ärztinnen und Ärzte die Blutentnahme vornehmen.

Ich biege auf die Hauptstraße ein und schaue kurz in den Rückspiegel. Der Mann neben Kian starrt mich zornig an.

»Ihr Scheißtürken macht den Staat kaputt!«, schimpft er, und ich frage mich, was der Sinn seines Satzes ist, aber vielleicht gibt es auch gar keinen.

»Was hast du gegen Türken?«, fragt Kian.

»Sie sind Schmarotzer, sie arbeiten nicht.«

»Arbeitest du eigentlich?«, fragt Kian den Mann.

»Nein, ich krieg Hartz IV«, brummt er.

»Schau mal, meine Kollegin arbeitet gerade. Wie soll sie den Staat kaputt machen?«

Der Mann auf dem Rücksitz glotzt mich mürrisch an. »Ich hasse die Türken«, knurrt er, immer noch wütend, und obendrein scheint es ihn wahnsinnig zu ärgern, dass ich total ungerührt bin, obwohl er mich so wüst beschimpft hat. Erst auf der Gefangenensammelstelle wird er ruhiger, vielleicht, weil ihm die große Anzahl der Uniformierten, die dort arbeiten, Respekt einflößt.

Nach der Blutentnahme darf er gehen und wir machen uns auf den Weg zum Abschnitt. Ich hoffe, dass der Mann die Studentin jetzt in Ruhe lässt. Wenn wir Glück haben, bleibt es für eine halbe Stunde ruhig. Planbare Pausen gibt es nicht im Funkwageneinsatzdienst, aber irgendwie klappt es immer. Zur Not wechseln wir uns ab, damit jeder in der Dienstgruppe etwas von den arabischen Köstlichkeiten, die Ahmed aufgetischt hat, probieren kann.

7 VERBOTEN

Als Kind durfte ich nie lange Haare tragen. Umständlich, unpraktisch, hieß es! Sie würden nur verknoten und verstopften den Abfluss. Ich hatte fantasielose Kurzhaarschnitte, die mich wie einen Jungen aussehen ließen. Aber je älter ich wurde, umso mehr achtete ich auf mein Äußeres und umso länger wurden meine Haare.

Ich stand vor dem Spiegel im Badezimmer und föhnte mich. Mittlerweile reichten mir die Haare fast bis zur Taille. Ich war achtzehn Jahre alt und probierte ein Stück von dem Leben aus, das für meine Klassenkameradinnen selbstverständlich war. An diesem Samstag war ich zu einer Party bei Estella eingeladen. Estella und ich waren Freundinnen geworden, nachdem Sevana abgereist war. Wir kannten uns schon länger, wir saßen in derselben Klasse, seit Sevana und ich auf das Gymnasium gewechselt hatten. Estella hatte mir anvertraut, dass sie sich nie an uns herangetraut hatte, weil wir so aneinanderklebten.

Ich schlüpfte in eine schwarze Jeans, die ich mir von einem Babysitting-Honorar gekauft hatte, und zog ein enges schwarzes Top über den Kopf. Sorgfältig tuschte ich mir die Wimpern, riss mir mit der Pinzette einige Haare aus, die die Kontur meiner Augenbrauen zu ruinieren drohten, und trug einen Hauch Lipgloss auf. Es hatte lange gedauert, bis meine Mutter akzeptierte, dass ich mir die Augenbrauen zupfte.

Meine Mutter musterte mich von Kopf bis Fuß und hob kritisch die Augenbrauen. Es war jedes Mal das Gleiche, wenn ich ausgehen wollte, so war es schon gewesen, als Sevana noch bei uns lebte. Mama fürchtete das Schlimmste, weil wir in die liederliche Stadt auszogen. Hinzu kam, dass sie wegen ihrer Diabetes Angst hatte, wenn wir sie allein ließen. Es hatte eine Nacht gegeben, in der ich voller Panik den Notarzt hatte verständigen müssen, da meine Mutter im Halbschlaf fast unbemerkt in eine starke Unterzuckerung geglitten war. Sie lag allein in ihrem Bett im Nebenzimmer, hatte Krampfanfälle bekommen und war zu schwach gewesen, um aufzustehen. Ihre Stimme war leise wie ein Flüstern. Dank meines leichten Schlafs habe ich sie gehört. Ich wollte ihr etwas Saft zu trinken geben, aber sie konnte nicht einmal mehr schlucken und war beinahe bewusstlos, als der Notarzt eintraf. Ich wusste, dass es für meine Mutter hart war, allein zu Hause zu bleiben, und machte mir ständig Sorgen um sie. Doch ich wollte ebenso gern am Leben teilhaben, Freundinnen besuchen. Wenn ich unterwegs war, rief ich häufig zu Hause an, um zu hören, ob es ihr gut geht, denn auch ich hatte nach diesem Vorfall große Angst und hoffte, dass nichts Schlimmes in meiner Abwesenheit passieren würde. Das schlechte Gewissen war zu dieser Zeit mein ständiger Begleiter. Ich wusste, dass ich etwas tat, was meine Mutter unglücklich machte.

»Ich gehe jetzt«, kündigte ich an.

Meine Mutter seufzte.

»Lana, warum bleibst du nicht einfach hier und lernst, wie man kocht? Warum bist du nicht wie deine Cousinen? Wie willst du mal einen Mann finden?! Ich weiß nicht, was ich falsch gemacht habe«, klagte sie, hob den Zeigefinger und ermahnte mich streng: »Um zehn bist du zu Hause!«

Meine Sorge um meine Mutter machte innerhalb weniger Sekunden einem ganz anderen Gefühl Platz. Mir wurde heiß vor

Zorn. Ich fand ihre Worte ungerecht! Ich ging hier durch die Hölle, schuftete in der deutschen Schule, aber alles, was sie erwartete, waren Reisgerichte und Hochzeiten! Ich war achtzehn. Ich wollte ein Leben haben und ich wollte nicht immer um zehn zu Hause sein müssen.

»Mama, die Party fängt doch erst um neun an!«

»Du weißt, was ich davon halte. Pass bloß auf, dass dir niemand was in dein Getränk mischt«, ermahnte sie mich, und dann fiel die Strenge aus ihrem Gesicht und übrig blieb tiefe Traurigkeit.

Ihr Blick schmerzte mich. Es war, als könnte ich hören, was sie dachte. Du enttäuschst mich, und deinen Vater ebenso. Du bist meine Tochter, warum ist es dir egal, wie es mir geht? Ich habe hier in Berlin keine Freundinnen und Freunde, warum kümmerst du dich nicht um mich? Eine unsichtbare Last drückte mir auf die Schultern, obwohl sich vor einer Viertelstunde noch alles leicht angefühlt hatte.

Ich schnappte mir meine Jacke, stopfte Geld und Deo in die Taschen und verließ die Wohnung, um zu Estella zu fahren. Es war für mich keine Option, zu Hause zu bleiben. Ich wollte dazugehören, obwohl ich mich fühlte, als ob ich meiner Mutter etwas wirklich Schlimmes antun würde.

Während ich zur Bahn lief, fragte ich mich, ob ich überhaupt jemals eine Chance haben würde, meine Eltern stolz zu machen. Auf der Party angekommen, war ich froh über ein paar Stunden der Ablenkung

Gegen elf war es bei Estella so voll, dass die Fensterscheiben beschlugen. Ungefähr dreißig Leute verteilten sich auf zwei Zimmer, den Flur und die Küche. Sie hatte die Musik so laut aufgedreht, dass wir uns kaum unterhalten konnten, und alle tranken Wodka-Red-Bull. Ich nippte an einer Cola und musste an meine Mutter denken, die um diese Uhrzeit vermutlich schon sehnsüchtig auf mich wartete. Mein Gewissen plagte mich, und schließlich gab ich nach.

»Ich muss nach Hause«, rief ich Estella zu.

»Dein Ernst? Es ist noch nicht mal halb zwölf! Warum willst du schon los? Komm, sei nicht so langweilig!«

»Sorry, aber ich muss, sonst dreht meine Mutter durch«, seufzte ich. Dass sie krank war, erzählte ich nicht.

»Okay, aber ich versteh's echt nicht«, sagte Estella.

In der U-Bahn hoffte ich, dass meine Mutter fest schlafen würde, wenn ich heimkäme. Es war fast Mitternacht und ich schloss die Tür so leise auf, wie ich nur konnte. Der Flur war dunkel. Unter dem Türspalt meiner Mutter kam kein Licht mehr durch und ich verkroch mich erleichtert in mein Bett, ohne die Zähne zu putzen. Am nächsten Morgen, als ich in die Küche kam, saß meine Mutter wie ein lebender Vorwurf auf ihrem Platz.

»Lana, es war *nach* Mitternacht«, stellte sie kühl fest und sah mich noch enttäuschter an als am Abend zuvor.

Ich wusste keine Antwort und auch meine Mutter schwieg. Sie hatte mich also gehört. Wahrscheinlich hatte sie wach gelegen und auf das Geräusch des Schlüssels in der Wohnungstür gewartet. Ich hasste es, so kontrolliert zu werden. Weil sie mich ihre Enttäuschung mit aller Intensität spüren ließ, fühlte ich mich wie eine Verbrecherin. Doch dieser Moment sollte erst der Anfang einer viel schlimmeren Eiszeit sein, die unsere Familie überzog, als ich mich verliebte.

Eines Abends schrieb ich auf MSN mit Maria, meiner Freundin aus der Förderklasse. Manuel, ihr Freund, kam zu uns in den Chatraum.

»Hey Lana, ich habe einen Kumpel, der dir gefallen würde. Er würde dich gern mal treffen.«

»Echt? Wer?«

»Er heißt Mauricio. Er kommt aus Brasilien.«

Ich überlegte nur kurz. »Warum nicht?«, sagte ich. Noch am selben Abend begann ich, mit Mauricio zu schreiben. Er lebte mit seiner Mutter in Berlin, sein Vater hatte die beiden früh verlassen.

Mauricio war nett und respektvoll. Er war lustig und seine sanften braunen Augen gefielen mir von den Fotos, die er mir schickte. Ich mochte ihn, bevor ich ihn überhaupt getroffen hatte.

Drei Tage später verabredeten wir uns zu einem Vierer-Date. Maria und Manuel, ich – und Mauricio. Erst McDonald's, dann Kino am Potsdamer Platz. Ich bereitete mich zwei Stunden lang sorgfältig auf das Treffen vor und zog mein schwarzes Ausgehoutfit an.

Meiner Mutter hatte ich erzählt, dass ich mich mit Maria treffen würde, was im Prinzip keine Lüge war. Dass wir gemeinsam ins Kino gehen würden, was definitiv stimmte. Eigentlich war alles so wie sonst, wenn ich mich auf einen Abend mit Freundinnen vorbereitete, und trotzdem fühlte es sich komplett anders an, weil ich dieses Flattern in der Magengrube spürte. Es überlagerte sogar mein schlechtes Gewissen.

Ich dachte minutenlang darüber nach, wie ich meine Haare stylen könnte. Ich föhnte mir den Pony zur Seite, aber dann fiel mir ein, dass ich auf allen Fotos, die ich Mauricio geschickt hatte, einen Mittelscheitel trug, und bürstete, bis ich meinem Foto-Ich glich. Ich ging innerhalb von dreißig Minuten zweimal aufs Klo und brauchte drei Anläufe, bis ich Schlüssel, Geld und Jacke beisammenhatte. In der Bahn dachte ich darüber nach, wie Mauricio in Wirklichkeit sein würde. Mir fiel ein, dass ich ihn nicht einmal gefragt hatte, wie groß er war. Waren brasilianische Männer eigentlich groß oder würde er etwa kleiner sein als ich?

Ich erkannte Mauricio sofort, er sah aus wie auf dem Foto. Jetzt stand er vor mir, einen halben Kopf größer als ich, und lächelte.

»Hi«, sagte er.

»Hi«, antwortete ich. Ich dachte, er müsste mein Herz peinlich laut klopfen hören. Manuel sah uns grinsend zu und rammte Mauricio den Ellenbogen in die Rippen.

»Lasst uns was essen, Alter«, schlug er vor.

Wir teilten uns ein Big-Mac-Menü. Später, im Kino, saß ich neben Mauricio, der keinen Versuch unternahm, meine Hand zu nehmen oder mich zu küssen.

»Soll ich dich heimbringen?«, fragte er, als der Film vorbei war.

»Hm. Ja, warum nicht?«, antwortete ich. Ich weiß nicht, ob er merkte, wie überrascht ich war. Es war das erste Mal, dass mich jemand heimbringen wollte.

»Aber das ist ein riesiger Umweg für dich, oder?«

»Macht nichts, ich hab Zeit.«

Wir fuhren mit der Bahn zum Hermannplatz, gingen die Treppen hoch, liefen an den mittlerweile schlafenden Obdachlosen vorbei und bogen auf die Sonnenallee ein. Ich blieb stehen und sah ihn an.

»Warte, Mauricio. Du kannst mich nicht bis zur Tür bringen. Das ist viel zu gefährlich«, sagte ich.

»Warum?«, fragte er überrascht und sah sich wachsam um.

»Wenn meine Mutter auf dem Balkon steht, kann sie uns sehen«, erklärte ich ihm. »Sie darf nichts von dir wissen.«

»Ach so. Okay«, sagte er. Er klang verständnisvoll, aber auch ein bisschen enttäuscht. »Aber bis zur Ecke bringe ich dich.«

Mauricio wusste, dass wir aus Aserbaidschan kamen, und er kannte die Anstandsregeln muslimischer Mädchen, er hatte in Zehlendorf, wo er aufgewachsen war, einige arabische Freunde. Er brachte mich bis zur Straßenecke und blieb höflich im Schatten eines Hauses stehen.

»Bis bald«, sagte er, zögerte kurz, beugte sich vor und umarmte mich vorsichtig. Meine Haare streiften seine Wange, ich löste mich schnell aus der Umarmung und lief zu unserem Hauseingang. Ich konnte es kaum erwarten, ihn wiederzusehen.

Dann zog mein Vater nach Berlin. Er stand im Flur, als ich aus der Schule kam, und breitete seine Arme aus, und ich war überglücklich, ihn wiederzusehen. Es war das erste Mal nach Sevanas Hochzeit. Er sah dünner und müder aus, als ich ihn in Erinnerung hatte, und irgendwie fremd in seiner Kleidung, die eine Mischung aus Russland und Aserbaidschan war. Die wertvolle Wildlederjacke und die Schiebermütze, die bei Männern in Baku sehr beliebt waren, passten einfach nicht nach Berlin. Wir würden ihm neue Kleidung kaufen müssen. Ich wollte nicht, dass es ihm so ging wie mir. Mein Vater sollte nicht schief angeschaut werden, weil er in dieser hier ungewöhnlichen Kleidung herumlief.

Meine Eltern hatten monatelang darauf gewartet, bis alle nötigen Papiere für die Familienzusammenführung beisammen waren. Meine Mutter hatte dem Tag entgegengefiebert, an dem mein Vater ankommen würde – ihr Ehemann, ihre Stütze, ihr Freund und Gefährte seit über zwanzig Jahren, der treu für sie und ihre Kinder sorgte, war jetzt endlich wieder bei ihr. Ich sah ihr an, wie glücklich sie das machte.

Mir hatten sie an dem Tag nicht erlaubt, mit zum Flughafen zu fahren. Es gab für meinen Vater nur zwei Gründe, die es rechtfertigten, der Schule oder der Arbeit fernzubleiben: der Tod und die vollständige Unfähigkeit, zu laufen. Alles andere war kein Grund, seine Pflichten zu vernachlässigen.

Mein Vater sollte einen Integrationskurs besuchen, da er kein Deutsch sprach. Er wollte die Sprache unbedingt lernen, um Arbeit zu finden. Nicht in der Lage zu sein, für uns sorgen zu können, war schrecklich für ihn. Er, der jahrelang die ganze Familie versorgt hatte, war nun auf Hilfe angewiesen.

Ich fand heraus, wie man Hartz IV beantragt und füllte für meinen Vater die Formulare aus. Er ging jeden Tag zu seinem Kurs, während das Jobcenter ziemlich bald anfing, ihn unter Druck zu setzen. Er musste Bewerbungen schreiben, also googelte ich, wie eine Bewerbung auszusehen hatte, und verfasste Dutzende Anschreiben. Doch niemand wollte meinen Vater einstellen, kein Wunder, völlig ohne Sprachkenntnisse.

Dass er kaum Deutsch verstand, hatte allerdings auch seine Vorteile. Ich konnte mit Mauricio telefonieren und musste nicht fürchten, dass mein Vater irgendetwas verstehen würde.

Ich lag auf meinem Bett. Mauricio und ich redeten bereits zwei Stunden, ich erzählte von meinem Tag und der Schule, er von seinem Praktikum bei einem Reifenhändler und seiner Mutter, die sich in einen Schweizer verliebt hatte. Es klopfte. Meine Mutter öffnete die Tür, ohne eine Antwort abzuwarten.

»Was sprichst du so lange? Es ist gleich elf Uhr. Mach endlich das Telefon frei, Kind!«

»Warum? Mit wem willst *du* denn telefonieren?«

Ich wusste, dass sie um diese Zeit nicht in Aserbaidschan anrufen würde und in Berlin hatte sie schließlich keine Freunde.

»Mit niemandem. Aber es reicht jetzt!«

»Gleich«, versprach ich.

»Jetzt!«, sagte sie.

»Noch fünf Minuten!«, bettelte ich.

»Du solltest lieber lernen!«, muffelte sie, warf mir einen ihrer strengen Blicke zu und schloss die Tür.

Mauricio und ich hatten uns erst einmal wiedergesehen, an einem eiskalten Novembertag, bei ihm in der Nähe. Dort konnte ich sicher sein, keinesfalls meinen Eltern über den Weg zu laufen. Wir waren frierend und in sicherem Abstand voneinander spazieren gewesen. Inzwischen telefonierten wir beinahe täglich.

»Mauricio?«, fragte ich, weil es mittlerweile am anderen Ende der Leitung still geworden war. »Hörst du mich?«

Niemand antwortete. Ich presste mein Ohr an den Hörer. Da war etwas. Ich brauchte eine Weile, bis ich es einordnen konnte. Ein leises, ruhiges Atemgeräusch. Ich lächelte. Er war eingeschlafen.

Ich legte auf und schlich in den Flur, um das Telefon an seinen Platz zu legen. Die Tür zum Zimmer meiner Eltern war bereits verschlossen und ich verkroch mich mit meinem Geheimnis unter meine Decke. Ich wusste, dass ich meinen ersten Freund mit keinem Wort erwähnen durfte. Es war mir verboten und er würde meinen Eltern nicht gefallen, da er kein Aserbaidschaner war. Doch einige Monate später spürte ich, dass mein Vater misstrauisch wurde.

Ich stopfte ein T-Shirt in die Sporttasche, legte eine kleine Toilettentasche darauf und zog den Reißverschluss zu. Heute. Gleich. Ein paar Minuten nur noch. Die Vorfreude breitete sich wie eine wohlige Wolke in mir aus.

»Ich geh jetzt mal los«, rief ich gut gelaunt in die Küche hinein, in der meine Eltern über ihren Teetassen saßen. Ich öffnete die Kühlschranktür und nahm eine Plastikdose voller Piroschki heraus. Mein Vater blickte auf und sah mir etwas länger in die Augen als üblich.

»Warum übernachtet Maria eigentlich nicht bei uns?«, fragte er.

Ich hatte ihnen erzählt, dass ich zu Maria gehen würde, eine kleine Party, nichts Wildes, und dann würde ich dort übernachten.

»Na, wegen der Party«, log ich. »Und Maria hat ein Gästesofa in ihrem Zimmer. Hab ich euch doch erzählt.«

Meine Mutter seufzte demonstrativ und blickte aus dem Fenster in den Hof. Mein Vater fixierte mich unerbittlich.

»Muss das denn wirklich sein, dass du immer wieder ausgehst?«

Ich drehte mein Gesicht zur Seite, um meinen Vater nicht ansehen zu müssen. Dann zuckte ich die Schultern.

»Bis morgen«, sagte ich leise und nahm meine Tasche. Meine Eltern blieben stumm sitzen. Ich war einfach nicht die Tochter, die sie sich wünschten, und es machte mich wirklich traurig, wie sehr sie mich das spüren ließen. Ich nehme keine Drogen, dachte ich. Ich trinke keinen Alkohol und habe nichts Schlimmes angestellt. Ich gehe zur Schule, aber ich darf nicht das tun, was andere in meinem Alter dürfen. Warum seid ihr so zu mir? Die Worte hämmerten von innen gegen meine Stirn, aber ich hielt den Mund. Ich atmete ein, aber es kam nicht genug Luft an.

Erst nach drei Haltestellen in der Bahn spürte ich, dass ich wieder frei atmen konnte. Ich dachte an Mauricio. Er würde sicherlich schon auf mich warten, denn heute würde ich zum ersten Mal bei ihm übernachten. Seine Mutter war bei ihrem neuen Freund, wir würden die Wohnung ganz für uns allein haben. Am Tag vorher hatte ich ihm alles gesagt, was er wissen musste.

»Ich bin Jungfrau, Mauricio. Ich darf mit keinem Mann zusammen sein. Ich darf das erst, wenn ich verheiratet bin.«

Er hatte genickt. Ich wusste, dass meine Offenbarung für ihn keine Überraschung war. Er kannte die Tradition. Ich war unsagbar froh, dass er sie ohne Nachfrage respektierte. Es war genau diese Zurückhaltung, die mich so anzog. Vielleicht würden meine Eltern doch irgendwann verstehen, dass er ein guter Mensch war, und dann …!

Die Bahn hielt. Ich hörte auf zu träumen, schnappte mir meine Tasche, stieg aus und schwebte zu Mauricios Wohnung. Er erwartete mich an der geöffneten Tür.

»Ich hab uns etwas zu essen mitgebracht«, verkündete ich.

Er küsste mich auf die Wange, nahm mir die Plastikdose mit

den russischen Teigtaschen ab und stellte sie in die Küche. Dann kam er zurück, stellte sich nah vor mich, streckte die Hand aus, legte sie abwartend um meine Taille und zog mich langsam an sich. Es fühlte sich aufregend und angenehm und furchtbar verboten an. Weil mein Kopf und mein Körper sich überhaupt nicht einig waren, was sie davon zu halten hatten, und weil auch meine Knie sich puddingartig anfühlten, schob ich Mauricio ein Stück von mir weg.

»Ich habe wahnsinnigen Hunger«, sagte ich. »Lass uns essen, ja?«

Er nickte und zog mich in die Küche. Wir wärmten uns die Teigtaschen auf und nahmen sie mit ins Wohnzimmer. Mauricio stellte unsere Teller auf den Couchtisch.

»Hast du Lust auf einen Film?«

»Klar«, sagte ich.

Er legte eine DVD ein. Wir aßen vor dem Fernseher, und nachdem wir fertig waren, lief der Fernseher weiter, aber keiner von uns bekam wirklich etwas von dem Gezeigten mit, weil wir miteinander beschäftigt waren. Es war wie bei diesen Experimenten im Physikunterricht, wenn zwei Magnete mit ihrer starken Anziehungskraft aufeinandergerichtet sind, aber dann, kurz vor der Berührung, stoßen sich die gleichen Pole mit enormer Wucht ab. Ich war neunzehn Jahre alt und Mauricio war zwanzig, und dennoch waren wir schüchtern wie Dreizehnjährige.

Auch in der Nacht blieb ich bei der mir auferlegten Zurückhaltung, und am nächsten Morgen wachte ich als verliebte Jungfrau auf. Ich war glücklich. An diesem sonnigen Morgen leuchtete alles rosig wie in einem märchenhaften Traum. Ich dachte nicht darüber nach, wie es mit Mauricio und mir weitergehen würde. Ich hatte wirklich keinen blassen Schimmer, was mich in unserer Beziehung erwarten würde.

8 NIRVANA

Wenn Fensterscheiben durch zu laute Musik zerspringen würden, käme aus dem obersten Stockwerk ein Scherbenregen. Es ist kurz vor elf Uhr am Freitagabend – Einsatzanlass: unzulässiger Lärm, ein Klassiker am Wochenende.

Die Nächte in Neukölln sind voller Leben, in allen Extremen, die man sich nur vorstellen kann. Feiern werden umso ekstatischer, je später es wird. Streitigkeiten arten aus. So mancher, der tags noch Hemmungen hat, verliert sie nachts. Meine Eltern hatten immer Angst, mich nachts ausgehen zu lassen. Oft fühlte ich mich eingeschlossen hinter unsichtbaren Gitterstäben aus Sorge. Nun gehört es zu meinem Beruf, in der Nacht unterwegs zu sein. Ich habe die Freiheit, draußen zu sein, wenn die meisten Menschen schlafen, und ich liebe alles, was zur Nachtschicht gehört. Sogar den tiefen komatösen Schlaf, in den ich nach jedem Nachtdienst falle, mag ich.

Fabian und ich klingeln bei einem der Nachbarn, die entrüstet die 110 gewählt haben, und gehen hoch bis in den fünften Stock, wo die Party stattfindet. Ich drücke die Klingel neben der Wohnungstür. Keine Reaktion. Ich klingle erneut, es passiert immer noch nichts. Nachdem ich fest gegen das Holz geklopft habe, öffnet sich die Tür und eine Welle lauter Musik ergießt sich ins Treppenhaus.

»Hallloooo?« Ein junger, schlaksiger Typ, Augenlider auf Halbmast.

»Können wir bitte den Mieter der Wohnung sprechen?«, frage ich. Ich schreie fast, damit er mich versteht.

»Is eine Studi-WG«, nuschelt der Mann, verzieht sich und kommt mit einem sichtlich angesäuselten Mann und einer strohblonden jungen Frau mit geröteten Augen und tapsigem Gang zurück.

»Hört mal, ihr müsst die Musik leiser machen und euren Gästen sagen, dass sie leiser sein müssen. Wir wollen euch den Spaß wirklich nicht verderben, aber eure Nachbarn wollen schlafen.«

Die beiden schauen uns verwundert an.

»Wir feiern hier echt nur mit ein paar Kommilitonen!«, klagt der junge Mann mit treuherzigem Blick und pustet sich eine Ponysträhne aus der Stirn.

»Na ja, trotzdem ist es zu laut. Bei uns sind mehrere Anrufe von Bewohnerinnen und Bewohnern eingegangen«, erkläre ich.

»Ich kapier das nicht! Wir haben doch extra einen Zettel aufgehängt und alle Nachbarn eingeladen!«, schimpft er.

Ich verstehe sogar, dass es ihn ärgert, wenn bei seiner Party die Polizei aufkreuzt, und bleibe geduldig.

»Tja, aber eure Nachbarn wollen ihre Ruhe haben«, ich mache mein Bitte-um-Verständnis-Gesicht und Fabian erläutert den beiden, dass ihre laute Party auch zu einer Anzeige wegen unzulässigen Lärms führen kann.

»Na gut, okay, is in Ordnung«, sagt die blonde Frau, während der junge Mann sich durchs Gedränge schiebt, um hoffentlich die Anlage herunterzudrehen. Ich schärfe ihr ein, dass ein erneuter Einsatz zur Beschlagnahme der Musikanlage und Beendigung der Party führen kann. Ich spreche langsam, in der Hoffnung, dass sie das Gesagte in ihrem alkoholisierten Zustand versteht, und schließlich senkt sie den Kopf zu einem einsichtigen Nicken. Fabian und ich verabschieden uns und gehen ein paar Stufen herunter.

Erfreut stelle ich fest, dass die Musik schon viel leiser ist, aber dann höre ich hinter der geöffneten Wohnungstür, von der aus der eine WG-Bewohner unseren Abgang beobachtet, laut und vernehmlich einen Fluch.

»Fuck the cops!«

Ich drehe mich um.

»Hör mal, was eure Gäste da von sich geben, ist aber nicht so schön!«

Das Gesicht der Mieterin verzieht sich in ehrlicher Zerknirschung.

»Sorry, tut mir total leid! Ihr macht ja auch nur eure Arbeit … Er ist einfach voll. Sorry, der meint das garantiert nicht so.«

»Na gut«, sage ich, denn ihre Entschuldigung scheint von Herzen zu kommen, und nicke ihr zum Abschied zu. Die Mieterin winkt uns freundlich nach.

Die Erfahrung lässt mich vermuten, dass wir in dieser Nacht sicher noch einmal gerufen werden. Manche Leute machen die Musik sofort leiser, wenn wir kommen, und entschuldigen sich. Sie verstehen erst, wenn die Polizei da ist, dass sie andere stören. Aber dann, ein, zwei oder drei Biere oder Joints später, drehen sie wieder auf, als hätte der Party-Alzheimer alles aus dem Hirn gelöscht, was wir gesagt haben.

Neulich, als nach einer herrlich warmen Nacht das Feiervolk so langsam von den Clubs in Hotels oder Wohnungen weitergezogen war, waren wir auf Fußstreife. Mein Kollege David, eine Praktikantin und ich liefen eine morgendlich verschlafene Wohnstraße entlang. Bereits beim Einbiegen in die Straße hörten wir das Wummern der Musik aus einer Wohnung im Erdgeschoss kommen. Aber da waren noch andere, merkwürdige Geräusche. Wie sterbende Elefantenbullen.

Wir näherten uns, bis wir vor dem gekippten Fenster standen.

Wir klopften an die Fensterscheibe. Die dahinterhängenden Gardinen versperrten uns zunächst die Sicht. Ein nackter Mann öffnete das Fenster. Hinter ihm standen zwei weitere Männer, die sich gegenseitig die erigierten Penisse massierten und einander lustvolle Laute entlockten. Unserer Praktikantin, die zum ersten Mal bei einem Frühdienst an einem Sonntagmorgen dabei war, stand der Mund offen. David und ich waren für einen Moment sprachlos.

Nun wurden auch die beiden Männer im Hintergrund auf uns aufmerksam. Es war, als hätte der Blitz eingeschlagen. Der eine Mann verdeckte mit beiden Händen das Gesicht und der andere den Unterleib.

Ich grüßte und gab an, dass wir aufgrund des Lärms geklopft hätten.

»Wir gehen sofort!«, beteuerte der Mann, der sich als Erster von seinem Schrecken erholt hatte.

»Sie müssen nicht gehen. Einfach Fenster zu und die Musik etwas leiser«, habe ich erklärt und freundlich gelächelt.

»Oh, ach so, ja! Entschuldigung!«, hat der eine gesagt und die Musik leiser gedreht.

»Sie machen einen sehr guten Job«, ergänzte der andere Mann, während er uns treuherzig anlächelte. »Sie auch«, habe ich geantwortet. Die Praktikantin hat gekichert und die beiden Männer am Fenster haben etwas verwirrt geschaut. Da fiel mir erst auf, dass mir etwas rausgerutscht war, was ich so nicht gemeint hatte. Ich musste Zunge und Gedanken erst mal sortieren. Für mich war es schließlich auch früh am Morgen. Danach habe ich mir extra viel Mühe gegeben, noch mal ganz seriös zu schauen.

»Fenster zu, okay? Damit nicht jeder, der hier langgeht, alles mitbekommt«, ergänzte David.

Die drei nackten Männer haben uns dankbar zugenickt. Ein weiteres Mal mussten wir an diesem Tag nicht dort hin.

Um drei Uhr nachts rücken wir das zweite Mal zur Studenten-WG aus. Es hatte erneute Anrufe wegen des Lärms gegeben. Wir können nicht einschätzen, wie viele Personen sich in der Wohnung aufhalten. Diesmal fahren wir mit drei Funkwagen. Je später der Abend, desto mehr Alkohol und andere Substanzen werden konsumiert, darüber sind wir uns bewusst. Wir gehen zu sechst ins Haus. Auf dem Weg nach oben knallen uns rockige Gitarrenriffs um die Ohren. Im dritten Stock identifiziere ich Nirvana. Im fünften warten wir wieder ein paar Minuten vor der Wohnungstür, bis jemand öffnet.

»Hallo«, sage ich.

Der Bewohner, mit dem wir vorhin gesprochen haben, sieht nicht so aus, als würde er sich freuen, uns wiederzusehen. Mittlerweile bin ich die unterschiedlichsten Reaktionen gewöhnt. Früher hätte mich ein feindseliger Blick vielleicht verunsichert. Aber seit ich bei der Polizei bin, gehe ich anders auf Menschen zu. Unsicherheit ist etwas, das in unserem Job nicht besonders hilfreich ist. Durch die täglichen Einsätze habe ich gelernt, mich durchzusetzen. Ich erkläre ihm, dass wir die Party jetzt beenden werden.

Nachdem Fabian ihn rechtlich belehrt hat, fordert er ihn auf, die Musik auszumachen und die Gäste nach Hause zu schicken.

»Waaaas?«, fragt er und hält sich am Türrahmen fest.

»Es ist immer noch viel zu laut! Wie viele Personen befinden sich eigentlich hier drinnen? Und wie viele Zimmer hat eure Wohnung überhaupt?«, frage ich bestimmt.

Der Mieter kneift die glasigen Augen zusammen, als würde er nachdenken. »Also …«, beginnt er, »ich weiß nicht genau … wir feiern echt bloß mit ein paar Leuten!«

»Aha. Dann bitte deine Gäste jetzt, nach Hause zu gehen.« Die Nachbarn hatten den Notruf gewählt und geklagt, es würde furchtbar laut gequatscht, und dazu das laute Gelächter auf dem Balkon – niemand im Haus könne schlafen, es sei eine Zumutung.

Der junge Mann starrt mich reglos an. Hinter ihm dampft die volle Wohnung. Ich rieche Cannabis in einer Intensität, die beachtlich ist. An den Blicken der Kolleginnen und Kollegen kann ich erkennen, dass sie das Gleiche riechen. Und die Bässe wummern, dass fast der Putz von den Wänden fällt.

»Wir werden reinkommen, um die Musikanlage sicherzustellen«, sagt Fabian. Die geröteten Augen des Mieters weiten sich entgeistert. Eine junge Frau schiebt aus dem Dunst ihr Gesicht über seine Schulter.

»Neeee«, verkündet sie und grinst. »Wir machen das jetzt so: Ihr geht und wir feiern weiter.« Prompt dreht irgendwer die Musik noch lauter.

»Sorry, so wird das nicht funktionieren, ihr seid viel zu laut.«

Die beiden antworten nicht, sondern drücken von innen gegen die Tür. Fabian blockiert mit dem Tonfa. Gemeinsam mit meiner Kollegin Isabel halten wir schnell von außen dagegen, damit sie nicht zufällt. Es ist ein gewaltiges Geschiebe, vermutlich helfen einige Partygäste von der anderen Seite mit. Doch wir schieben die Tür zentimeterweise weiter auf, bis wir einen guten Blick hinein bekommen. Ich sehe ein rothaariges Mädchen direkt neben der Tür.

»Verfickte Bullenschweine!«, kreischt sie und hält mir ihren ausgestreckten Mittelfinger vor die Nase. Ich schnappe mir ihren Arm und ziehe sie entschlossen raus. Überraschung siegt, außerdem ist sie bereits gut alkoholisiert und merkt erst, als sie mit uns auf dem Treppenabsatz steht, was gerade passiert ist.

»Hey!«, faucht sie entrüstet.

Die Tür geht wieder weiter auf, und ein männlicher Arm versucht mit festem Griff, meine Kollegin Isabel reinzuziehen, die sich windet, um aus der Umklammerung loszukommen. Fabian, der direkt neben ihr steht, greift entschlossen zu und Isabel ist frei.

»Fickt euch!«, brüllt jemand.

»Verpisst euch!«, kreischt eine Frauenstimme.

»Das dürfen Sie nicht! Das hier ist eine private Veranstaltung, mein Vater ist Anwalt!«, protestiert ein junger Mann durch den Türspalt.

»Schweinesystem!«, ruft es aus dem Hintergrund.

Isabel fordert per Funk Unterstützung an. Dann gehen wir rein. Erst jetzt sehe ich, dass die Wohnung vollgestopft ist wie die Ringbahn montagmorgens um acht. Im Schummerlicht tobt das Chaos. Wir sind umgeben von diskutierenden und pöbelnden Studierenden. Es kommt mir vor, als wären seit Isabels Funkruf höchstens drei Minuten vergangen, da ist schon unsere Verstärkung da. Ein junger Mann baut sich vor einem Kollegen der Einsatzhundertschaft auf, schreit etwas und spuckt ihn an. Ungerührt wischt sich der Kollege die Wange ab und verschwindet mit dem jungen Mann Richtung Ausgang. Ich frage mich, wo Fabian eigentlich hin ist, und versuche, in dem Halbdunkel der Zimmer etwas zu erkennen. Ich quetsche mich zwischen taumelnden Körpern durch zur Küche, wo es etwas heller ist, sodass ich gut sehen kann, wie eine Phalanx von etwa zehn Partygästen gerade versucht, Fabian rauszuschubsen. Er hält tapfer seinen Tonfa vor den Körper und wehrt die Schubser ab. Ich drängle mich in den Raum und erhebe die Stimme. »Keiner verlässt die Küche, bevor wir die Personalien von jedem Einzelnen hier drin aufgenommen haben!«

»Alles gut, wir gehen ja schon«, versucht mich eine junge Frau zu beschwichtigen.

»So einfach ist das nicht. Ich nehme jetzt die Personalien auf, und dann werden wir eine Anzeige schreiben.«

Noch während ich spreche, schiebe ich das Messerset, das auf der Arbeitsfläche steht, weit außerhalb der Reichweite der Partygäste. Wir müssen stets auf Eigensicherung achten und niemand kann vorhersehen, wie sich fremde Menschen verhalten.

»Ich hab überhaupt nichts gemacht, das ist gegen meine Bürgerrechte!«, ruft die junge Frau.

Ich belehre auch sie langsam und deutlich über ihre und unsere Rechte. Wir müssen handeln, wenn es um nächtliche Ruhestörung geht. Gar nichts machen, ist keine Option. Sie nestelt schimpfend einen Ausweis aus der Tasche ihrer Jeans. Hinter mir zieht mein Kollege Patrick zwei Männer aus der Wohnung. Fabian hält mir fünf Leute vom Leib, die wild durcheinander diskutieren. Ich beobachte wachsam, was in meiner Nähe passiert. Ich habe Respekt in diesen Situationen, weil das Gemisch aus Rebellion, Rausch und Masse explosiv sein kann.

An der offenen Wohnungstür gibt es Tumult, weil die zweite Gruppe der Einsatzhundertschaft eingetroffen ist. Es ist gut, dass sie da sind, weil wir es hier mit so vielen Menschen zu tun haben. Mich durchströmt eine Mischung aus Stolz und Dankbarkeit, da ich in diesem Augenblick Teil eines Teams bin, in dem jede und jeder der einen und dem anderen hilft, so gut wie nur möglich.

Um sechs Uhr morgens sind wir fertig. Wir haben eine Ordnungswidrigkeitenanzeige gegen die Mieter und Strafanzeigen wegen Beleidigung, Körperverletzung und Verstoßes gegen das Betäubungsmittelgesetz aufgenommen. Es wird ein Berg an Schreibarbeit auf uns zukommen, aber alle werden mithelfen – schon allein, damit sich keine Müdigkeitsfehler einschleichen und wir so schnell wie möglich fertig sind.

Mein lustigster Schreibfehler ist mir passiert, als ich kurz vor Ende einer langen Nachtschicht eine Strafanzeige wegen Verkehrsunfallflucht schreiben musste. »Der Fahrzeugführer entfernte sich anschließend vom Urlaubsort«, hatte ich geschrieben, bevor ich Fabian daraufschauen lassen habe.

»Lana, ernsthaft – wer würde sich denn vom Urlaubsort entfernen wollen?«, war seine Reaktion. Vier Augen sehen eben mehr als zwei.

Insgesamt haben heute Nacht dreiundneunzig Gäste die Dreizimmerwohnung verlassen. Viele waren ruhig und entschuldigten sich. Einige wenige wurden durch die Kolleginnen und Kollegen der Einsatzhundertschaft für weitere polizeiliche Maßnahmen zur Gefangenensammelstelle gebracht, und endlich war die Wohnung leer. Bis auf die beiden Bewohner, die mit zerknirschten Gesichtern leere Flaschen einsammelten.

»Hey, kommt nicht noch mal vor«, entschuldigte sich der junge Mann und wir verabschiedeten uns.

In der nächsten Nacht warten neue Einsätze. Wie an jedem Neuköllner Wochenende, wenn die Menschen, die aus Hessen oder Bayern oder Hamburg in die Hauptstadt gezogen sind, das berühmte Berliner Partyleben ausprobieren.

9 EIN VERDACHT

Heimliche Beziehungen haben ihre Reize. Zuerst meint man, alles wäre einfacher, weil man sich vor niemandem rechtfertigen muss. Es ist eine aufregende Flucht aus einem Leben, das zu eng scheint. Niemand hindert einen, weil erst mal niemand etwas davon mitkriegt – wenn man es schlau anstellt. Aber irgendwann umspinnen die Geheimnisse einen wie ein engmaschiges Netz, aus dem man nicht mehr entkommen kann.

»Lana, kannst du mal kommen? Dieser Herr dort möchte lieber mit einer Beamtin sprechen. Er will uns partout nicht sagen, was los ist.«

Ich schalte den Computer in den Energiesparmodus und folge meinem Kollegen Kian. Vorn am Tresen wartet ein Mann mittleren Alters, der wütend dreinschaut. An seiner Seite steht eine junge Frau mit Kopftuch, die stumm auf den Linoleumboden starrt.

»Wie kann ich Ihnen helfen?«, erkundige ich mich.

»Es geht um meine Tochter«, antwortet der Mann, überprüft mit verschämtem Blick, ob meine männlichen Kollegen außer Hörweite sind, senkt genau wie seine Tochter den Blick, um mir nicht in die Augen schauen zu müssen, und flüstert: »Sie wurde vergewaltigt.«

Ich frage, wie alt seine Tochter sei. Achtzehn, antwortet er. Das Mädchen sagt keinen Ton. Ich erkläre ihm, dass ich gerne allein mit ihr sprechen würde, und er stimmt sofort zu, als wäre er erleichtert, bei solch einem intimen Gesprächsthema nicht dabei sein zu müssen.

»Dann lass uns mal in einen anderen Raum gehen«, schlage ich dem Mädchen vor, und zum ersten Mal schaut sie mir in die Augen. Sie sieht nicht verweint aus, eher verärgert, und folgt mir in unseren Schreibraum, wo wir ungestört reden können. Ich biete ihr ein Glas Wasser und einen Stuhl an. Sie soll sich gut aufgehoben fühlen.

»Was ist passiert?«, frage ich.

»Ich wurde vergewaltigt«, entgegnet sie. Ich schweige und warte, ob sie weitererzählt, aber sie sagt ebenfalls kein Wort.

»Wer hat dich vergewaltigt?«

»Er ist ein Bekannter. Er heißt Raschid.« Sie erzählt mir, dass sie ihn über eine Freundin aus der Schule kenne. Er sei älter als sie.

Ich stelle ihr einige Fragen und wiederholt betont sie, dass sie ihn hassen würde.

»Kennen deine Eltern ihn?«, frage ich. Sie schüttelt heftig den Kopf.

»Nein, wir haben uns immer heimlich getroffen. Bloß zwei- oder dreimal. Und dann hat er mich vergewaltigt.«

»Was hat er denn genau gemacht?«, frage ich nach.

Sie schaut irritiert. »Mich vergewaltigt! Was ist daran so schwer zu verstehen?«, antwortet sie, und es ist nicht zu überhören, dass sie genervt ist.

»Okay«, sage ich geduldig, »Ich weiß, dass es für dich sicher nicht angenehm ist, darüber zu sprechen, aber du hast den Schritt gewagt und bist zu uns gekommen. Das ist schon mal gut. Ich brauche allerdings mehr Informationen. Brauchst du vielleicht etwas Zeit?«

»Ich brauche keine Zeit. Ich kapiere nicht, warum Sie nicht verstehen, was eine Vergewaltigung ist.«

»Wir müssen das detailliert aufschreiben, verstehst du?«

Es gibt eine Menge Einzelheiten, die wichtig sind. Ich muss wissen, wie genau der Geschlechtsverkehr durchgeführt wurde. Ob der Tatverdächtige ein Verhütungsmittel benutzt hat. Ich muss sogar fragen, ob er ejakuliert hat. In unserem Bericht muss festgehalten werden, ob es körperliche Gewalt gab. Es ist nachvollziehbar, dass eine Frau darüber nicht mit einer fremden Person reden möchte. Es gibt Opfer, die sich nicht zur Polizei trauen, da es ihnen unangenehm und schmerzlich ist, über das Geschehene zu sprechen. Aus Scham oder Angst vor den Reaktionen kommt es zu keiner Anzeige. Und dennoch ist es unsere Pflicht als Polizistinnen und Polizisten, danach zu fragen.

»Er hat mich einfach vergewaltigt!« Sie zuckt genervt mit den Schultern.

»Würdest du mir erzählen, wie es abgelaufen ist?«

Das Mädchen runzelt die Stirn und schweigt. Ich hake nach. »Was hat er gemacht?«

Sie zögert. Ich stelle ihr weitere Fragen. Sie schaut mich verwundert an, als würde sie nicht verstehen, wozu die Fragerei gut ist.

»Er hat mich halt vergewaltigt!« Ihre Stimme klingt inzwischen beinahe bockig, ich beobachte sie genau. Ich weiß aus meiner Erfahrung und aus Erzählungen von Kolleginnen und Kollegen, dass sich jedes Vergewaltigungsopfer anders verhält. Manche wirken fast unbeteiligt, andere sehr beherrscht, wieder andere sind kaum in der Lage zu sprechen. Aber hier ist irgendetwas eigenartig.

Ich merke, dass diese junge Frau mir keine Details verraten möchte, und ein Verdacht verfestigt sich in mir. Normalerweise wissen Vergewaltigungsopfer genau, wie die Tat passiert ist. Sie erinnern sich an die erste Berührung, die ihnen unangenehm war. Sie erinnern sich, womit der Täter oder die Täterin ihnen Schmerzen zugefügt hat. Sie erinnern sich an den schweren Körper, den sie nicht wegschieben konnten. Sie erinnern sich an Gerüche, Geräusche und an die Angst. Viele würden die Einzelheiten der Tat gern aus ihrem Gedächtnis löschen, aber sie können es nicht. Es fällt immer schwer, darüber zu sprechen. Aber wer eine Vergewaltigung erlebt hat, weiß auf die Fragen der Polizeibeamtinnen und -beamten etwas zu sagen und rollt nicht genervt mit den Augen, wenn er oder sie befragt wird.

»Schau mal, wenn du mich jetzt anlügst, machst du dich selbst strafbar.« Ich bin mir in diesem Moment ziemlich sicher, dass es keine Vergewaltigung ist, die Vater und Tochter heute auf die Polizeiwache geführt hat. Dem Mädchen steigen plötzlich Tränen in die Augen.

»Möchtest du mir jetzt sagen, was wirklich passiert ist?«, frage ich freundlich.

Sie zögert, dann nickt sie und schlägt die Hände vors Gesicht. »Es ist wegen meinem Vater«, schluchzt sie. »Er hat erfahren, dass ich keine Jungfrau mehr bin. Und wenn ich ihm gesagt hätte, dass ich freiwillig mit meinem Freund geschlafen habe … es wäre die größte Schande für unsere Familie. Bitte sagen Sie es ihm nicht, bitte!«

»Okay«, beruhige ich sie, aber teile ihr gleichzeitig mit, dass ich eine Strafanzeige gegen sie schreiben werde und belehre sie diesbezüglich.

»O nein, bitte!«, fleht sie. »Bitte nicht!«

Ich verstehe, wie verzweifelt das Mädchen in diesem Moment sein muss.

»Ich bin dazu verpflichtet«, erkläre ich geduldig. »Du bist mit einer ziemlich heftigen Anschuldigung hierhergekommen. Wenn du jemandem unwahrheitsgemäß Vergewaltigung vorwirfst, kann es sein, dass du damit seine Zukunft komplett ruinierst.«

»Aber er hat mich geschlagen! Er hat gesagt, hau ab, du dumme Fotze!«, schluchzt sie.

»Dann erzähl mir, was er getan hat.«

Diesmal fallen ihr die Details ein, seine Hand, mit der er sie hart am Oberarm umklammert hielt, einen Schlag ins Gesicht, knapp unter dem Auge, den er ihr mit der flachen Hand verpasst hat. Ich notiere, und als sie fertig ist, schaue ich ihr direkt in die Augen.

»Ich werde eine Strafanzeige wegen Körperverletzung und Beleidigung gegen ihn schreiben. Trotzdem hast du ihm eine Straftat vorgeworfen, die er nicht begangen hat, und das ist eine ernste Sache, verstehst du?«

»Aber ich hatte doch bloß Angst vor meinem Vater …«, flüstert sie und verstummt. Sie scheint erschöpft, und das verstehe ich.

»Na komm«, sage ich. »Lass uns nach vorn gehen.«

Ich werde gleich einen Vorgang anlegen und darin werde ich vermerken, was sie dazu gebracht hat, dem Mann eine Vergewaltigung vorzuwerfen. Auf den Ausgang des Verfahrens habe ich keinen Einfluss, aber ich kann etwas dazu beitragen, dass die Staatsanwaltschaft und die Richterin oder der Richter die Beweggründe des Mädchens nachvollziehen können. Ich frage mich, ob es ihr gelingen wird, sich aus einem Leben voller Heimlichkeiten und Lügen zu befreien.

10 DIE ENTSCHEIDUNG

Am Morgen nach meiner ersten Nacht bei Mauricio schloss ich leise die Wohnungstür auf. Mit jedem Schritt, den ich in unserem dunklen Flur machte, schwanden die guten Gefühle der Nacht. Ich hörte, dass meine Eltern in der Küche waren und leise miteinander sprachen. Als ich den Kopf durch die Tür steckte, verstummten sie schlagartig.

»Guten Morgen, ich bin wieder da«, sagte ich. Am liebsten hätte ich mein Glück mit ihnen geteilt.

»Guten Morgen«, antwortete mein Vater kühl und sah auf unsere Küchenuhr. Er musste nichts weiter tun oder sagen, ich las aus seinem Blick, dass er mir nicht traute. Aus irgendeinem Grund schien er zu spüren, dass die Maria-Übernachtung eine Lüge war. Dennoch konnte ich ihnen einfach nicht die Wahrheit sagen, sie hätten es mir verboten. Ich wollte mich allerdings frei entscheiden können, einen Freund zu haben, so wie alle Mädchen, die ich kannte. »Lana, wann kommst du nach Hause?«, fragte meine Mutter, als ich mich am nächsten Tag zur Schule fertig machte.

»Um zwei, Mama.«

»Gut. Bis später.« Sie hob die Hand zum Abschiedsgruß und setzte sich auf ihren Stuhl in der Küche. Meine Mutter sah erschöpft aus, sie schlief in letzter Zeit nicht besonders gut, und ich hatte mir vorgenommen, ihr am Nachmittag mit dem Haushalt zu helfen.

»Vergiss nicht, was zu Mittag zu essen, Mama«, ermahnte ich sie. Als ich mittags nach Hause kam, machte ich mir ein Brot, erledigte meine Hausaufgaben und holte den Staubsauger aus dem Besenschrank. Ich saugte unsere beiden Zimmer und wischte die Böden in der Küche und im Bad.

Meine Mutter hatte sich hingelegt, also versuchte ich, alles so leise wie möglich zu erledigen. Ich scheuerte unsere uralte Toilette, die vermutlich schon mehrere Vormieter erlebt hatte, und putzte das Waschbecken. Als ich fertig war, legte ich frische Handtücher auf die Halter und sah mich zufrieden um. Ich mochte diesen Moment, dieses Gefühl nach dem Putzen. Alles roch frisch und ich fühlte mich nützlich.

Ich räumte die Putzsachen weg, ging in mein Zimmer und schaltete mein Handy ein. Drei Nachrichten von Mauricio. Er schrieb mir, dass er sich nach mir sehnte. Er schrieb nie von körperlicher Sehnsucht, doch ich begann, mich zu fragen, was eigentlich der Sinn der vorehelichen Enthaltsamkeit war. Als es draußen dämmrig wurde, ging ich in die Küche, um meiner Mutter bei den Abendbrotvorbereitungen zu helfen.

»Wie läuft es in der Schule?«, fragte sie.

»Gut«, antwortete ich. Ich erzählte ihr nie davon, dass ich oft als Sinti oder Zigeunerin bezeichnet wurde. Je häufiger sie es mir hinterherschrien, desto stärker verletzte mich allein das Wort. Was sie damit eigentlich meinten, war, dass ich häufig in Kleidung unterwegs war, der man ansah, dass sie günstig gekauft wurde. Und weil meine Deutschkenntnisse noch nicht so gut waren. Meine Eltern hätten sich furchtbare Sorgen gemacht, und das wollte ich nicht.

»Wie geht es deinen Freundinnen?«, fragte meine Mutter.

»Romina hat einen neuen Freund«, antwortete ich. Romina hatte es gut, ich beneidete sie dafür, dass sie einen Freund haben durfte.

»Lieber Himmel, wie alt ist das Mädchen? Siebzehn? Achtzehn? Und sie hat schon wieder einen neuen Freund? Schlimm. Wie können ihre Eltern das dulden?«

»Mama, wir sind hier in Deutschland. Hier ist es einfach so!« Ich war es leid, ständig zu hören, dass jede Art von Beziehung vor der Ehe eine zügellose Unanständigkeit sei. Seufzend legte meine Mutter ihr Messer auf die Arbeitsplatte und fuchtelte mahnend mit dem Zeigefinger vor meiner Nase herum.

»Sie verschenken ihre Tugend an irgendeinen Mann, Lana! Warum müssen sie vor der Ehe irgendwelche Beziehungen haben? Warum, Lana? Es ist nicht anständig.«

Ich schwieg und dachte nach. Ihre Reaktion war heftig, aber nicht unerwartet, und dennoch verlangte etwas in mir danach, sie davon zu überzeugen, dass sie unrecht hatte.

»Mama, stell dir mal vor, man ist Jungfrau. Und dann lernt man einen Mann kennen und heiratet den direkt«, begann ich vorsichtig.

»Dann ist es gut so. Er wird für dich sorgen. Die Ehe ist für ein ganzes Leben gemacht«, stellte meine Mutter fest.

»Aber stell dir mal vor, man ist verheiratet und merkt dann erst, dass etwas nicht stimmt.«

»Was meinst du?« Meine Mutter sah mich skeptisch an. »Wenn er aus einer anständigen Familie kommt, was soll da nicht in Ordnung sein?« Sie schüttelte unwillig den Kopf.

Sie wollte mich nicht verstehen. Ich musste deutlicher werden. »Stell dir vor, was ist, wenn der Mann gar nicht kann! Also beim Sex!«

Meine Mutter ließ vor Schreck ihr Messer fallen und sah mich peinlich berührt an.

»Lana!! Schäm dich! Über so etwas redet man nicht mit seiner Mutter!«

»Aber …«

»Schluss! Hör sofort damit auf! Es ist eine Schande, dass du so redest!«

»Aber warum dürfen Männer das vor der Ehe, Mama? Es ist total ungerecht. Warum müssen sie nicht verzichten?«

Meine Mutter presste die Lippen zusammen, nahm ihr Messer und hackte auf die Zwiebel, die vor ihr lag, ein. Ich gab auf. Meine Eltern wollten mich nicht verstehen. Ihre Strenge war für mich unerträglich und ich wünschte mir nichts sehnlicher, als dass es aufhörte. Ich ging in mein Zimmer und rief Mauricio an. Ich hörte schon am Klang seines »Hallo«, dass irgendetwas passiert war.

»Lana, meine Mutter zieht in die Schweiz zu ihrem Typen!« Es platzte förmlich aus ihm heraus.

»Oh!«, sagte ich überrascht. »Wann?«

»In einem Monat.«

»Und was ist mit dir? Bleibst du in der Wohnung?«

»Ne, die ist viel zu teuer für mich. Ich weiß noch nicht, was ich mache.« Mauricio klang ratlos. »Vielleicht geh ich zu einem Kumpel. Meine Mutter meint, ich soll mich selbst kümmern, ich wäre ja alt genug.«

»Ich helfe dir. Wir suchen dir eine Wohnung.«

»Aber wie?« Er war es vielleicht nicht gewöhnt, sich um etwas zu kümmern, aber ich schon. Ich wusste, dass es Immobilienportale gab, wo Dutzende Angebote zu finden waren. Nach einer halben Stunde Recherche hatte ich etwas gefunden, das sich nicht verkehrt anhörte. Es war eine kleine, billige Wohnung in Neukölln. Sie lag an einer Hauptstraße, es würde laut sein. Die Wohnung hatte nur ein Zimmer, aber sie kostete lediglich 280 Euro warm. Damit war sie das mit Abstand Günstigste, was ich finden konnte – ein Glücksfall.

Ich lauschte in den Flur. Meine Mutter war in der Küche und

klapperte mit Geschirr. Ich schloss vorsichtig meine Zimmertür, nahm mein Telefon und rief die Nummer aus der Anzeige an.

»Sie müssten halt schon wat machen, Frollein«, sagte der Vermieter, nachdem ich ihm erzählt hatte, dass ich mit meinem Freund auf der Suche nach einer Wohnung sei.

»Kein Problem«, antwortete ich. »Können wir vorbeikommen und die Wohnung ansehen?«

»Wenn Se keenen Schrecken kriegen, dann kommen Se. Die is nich in so richtig jutem Zustand.«

Es klang beinahe, als wollte er mir die Wohnung ausreden, aber wir suchten schließlich keine Luxusherberge. Mauricio war handwerklich einigermaßen begabt und wir mussten schnell etwas finden. Ich verabredete mit dem Vermieter, dass wir am nächsten Mittag vorbeikommen würden.

Zur verabredeten Zeit standen Mauricio und ich vor dem heruntergekommenen Haus. Abblätternde Farbe, mehrere Schichten Aufkleber und Graffiti auf der Eingangstür. Wir klingelten, der Türöffner summte und wir stiegen ausgetretene Stufen hinauf. Im zweiten Stockwerk stand ein mittelgroßer Mann mit kugelrundem Bauch, der uns erwartete.

»Immer hereinspaziert«, sagte er und öffnete die Wohnungstür.

Er hatte leider nicht übertrieben. Es sah in der Tat schlimm aus. Der Boden war voller Flecken, und an den Wänden klebte eine vergilbte Tapete, die stellenweise abgerissen worden war. Es gab eine kleine Küche mit einem Gasherd, auf dem der Schmutz von Jahren interessante Krusten gebildet hatte. Daneben war ein kleines Badezimmer mit einer Dusche ohne Vorhang. Die Hälfte der beige-braun gemusterten Fliesen an den Wänden hatten einen Sprung. Ich ging zum Waschbecken und testete den Wasserhahn. Er gab ein kurzes Husten von sich, aber dann kam klares Wasser. Mauricio betätigte die Toilettenspülung. Sie klemmte.

»Da könnten Se mal den Spülkasten neu machen«, stellte der Vermieter fest.

»Und die Dusche?«, fragte ich. »Gibt's warmes Wasser?« Ohne die Antwort abzuwarten, drehte ich die Dusche auf. Das Wasser wurde nur lauwarm. Der Vermieter quetschte sich an mir vorbei zum Durchlauferhitzer, klopfte einmal dagegen, woraufhin der Knopf zur Temperaturregelung abfiel, und drehte sich achselzuckend zu uns um.

»Müssten Se halt och neu machen«, sagte er. »Aber ick würde Ihnen die Wohnung einen Monat ohne Miete lassen.«

Drei Tage später unterschrieb Mauricio den Mietvertrag und ich füllte für ihn die Formulare aus, mit denen er Wohngeld beantragen konnte. Er lieh sich ein Auto von einem Freund und wir fuhren zusammen in den Baumarkt und suchten den günstigsten PVC-Boden aus, den wir finden konnten.

Von diesem Tag an verbrachte ich mehr Tage in Mauricios neuer Wohnung als bei meinen Eltern. Auch mein Vater kam neuerdings erst spät heim. Er hatte ein Praktikum in einem Fahrradgeschäft angefangen, dort bekam er zwar keinen Lohn, aber er lernte in kürzester Zeit, worauf es ankam.

»Mach deine eigene Werkstatt auf«, empfahl meine Mutter ihm nach einigen Wochen, und mit einem Gründungszuschuss, den ich beantragte, mietete er einen winzigen Laden in einem Hinterhaus im Wedding und kaufte die ersten Fahrräder, Werkzeug und eine Kasse. Obwohl er mit seinem neuen Geschäft viel zu tun hatte, beobachtete er mich genau. Ich war sicher, dass mein Vater ahnte, was vor sich ging, aber er sprach es nicht an. Er stellte mir lediglich immer wieder Fragen.

»Lana, musst du nicht lernen?«, fragte er, wenn ich am Computer saß und mit Mauricio chattete. »Lana, musst du denn jetzt wirklich gehen?«, wenn ich nachmittags oder abends die Wohnung verließ. Ich fühlte mich auf Schritt und Tritt kontrolliert und beobachtet. Doch am schrecklichsten waren die Tage, an denen weder mein Vater noch meine Mutter mit mir redeten. Ich wurde das Gefühl nicht los, ihren Ansprüchen nicht gerecht zu werden. Ihr enttäuschtes Schweigen belastete mich. Ich wusste, es würde alles besser werden, wenn ich mich von Mauricio trennen würde, aber das konnte ich nicht. Er war meine erste Liebe und ein Leben ohne ihn lag außerhalb meines Vorstellungsvermögens. Mein Herz verbot mir mit jedem einzelnen Schlag, ihn aufzugeben. Und das freie Leben, das überall um mich herum pulsierte, wollte ich ebenfalls nicht opfern. Ich hatte all die Möglichkeiten gesehen, die Frauen in Deutschland hatten. Auch ich wollte einen Beruf ergreifen, nur meinem Willen folgen, mein Leben frei gestalten.

Es gab nur eine Lösung: Ich würde meine Eltern verlassen, und ich hoffte inständig, dass sie dennoch mit mir reden würden. Wie sollten sie auch ohne mich klarkommen; ich würde trotz allem immer für sie da sein, wenn ich ein neues Leben mit Mauricio begann. Doch weil über all diesen Gedanken eine schmerzliche Angst schwebte, planten wir den Auszug, ohne meinen Eltern ein Wort davon zu erzählen.

11 AUS DEM FENSTER

Im Dienst spreche ich oft mit den älteren Bürgerinnen und Bürgern aus unserem Viertel. Viele erzählen, wie sich Neukölln verändert habe, seit sie vor sechzig oder siebzig Jahren hier aufgewachsen seien. Sie klagen über Menschen, die sich nicht gut benehmen würden, sich auffällig verhalten, sich nicht anpassen würden. Über die jungen Leute aus allen möglichen Städten Deutschlands, die Straßencafés bevölkern und keine Augen haben für die Alten mit ihren Rollatoren, für diejenigen, die kein Geld für einen Umzug oder eine Wohnung in einem anderen Viertel haben. Sie erzählen mir, dass sie die kulturelle Diversität schätzen, sich aber nicht mehr leicht zurechtfinden. Sie würden in der Zeitung lesen und im TV sehen, was sich auf der Straße abspiele, und fühlten sich unsicher, wenn sie unterwegs seien. Mir begegnen sie mit Wertschätzung und bedanken sich, dass die Polizei für ihre Sicherheit sorgt. Ich weiß aus diesen Gesprächen, dass es nicht einfach ist, alt und allein zu sein – vor allem in einem Viertel wie Neukölln. Manchmal kann es sogar verhängnisvoll werden. Beispielsweise dann, wenn einsame alte Menschen ins Visier von Täterinnen und Tätern geraten, die skrupellos ausnutzen, dass sie gutgläubig, ängstlich oder schwach sind.

Ferhat, Dunya und ich fahren im Funkwagen die vierspurige Straße entlang. Ich sitze am Steuer und habe Einsatzhorn und Blaulicht eingeschaltet. Vor zwei Minuten hat uns die Zentrale angefunkt. Eine alte Dame sei Opfer einer Betrugsmasche von falschen Polizisten geworden, sie soll Geld aus dem Fenster geworfen haben, viel Geld, und die Täter könnten noch in der Nähe sein. Ich trete aufs Gaspedal.

Wir erreichen die Wohnanlage. Es ist ein perfekter Ort für die Art von Tat, die sich hier vermutlich abgespielt hat. Ein gepflasterter Weg führt zwischen Häusern hindurch und verästelt sich in rechtwinklig abzweigende, schmalere Wege, die zwischen Buchsbaumhecken und blühenden Forsythiensträuchern zu den Haustüren führen. Ferhat quetscht sich durch die Hecke und schaut sich um. Dunya und ich schauen auf der anderen Seite der Wiese nach. Weit und breit nur Gras und Gänseblümchen, aber kein Geld, und auch keine verdächtige Person. Von der Straße aus ertönt das Einsatzhorn eines zweiten Funkwagens, es nähert sich und verstummt plötzlich. Verstärkung ist da, die Kolleginnen und Kollegen werden den Nahbereich des Tatorts absuchen, während wir uns zur Anruferin begeben. Ich klingele.

»Jaaa?« Erstaunlich, wie viel Misstrauen in ein einsilbiges Wort passt.

»Hier ist die Polizei, guten Tag. Sie haben uns angerufen.« Die alte Dame hat, nachdem sie das Geld aus dem Fenster geworfen hat, den Notruf gewählt – als wäre mit dem abgeworfenen Vermögen auch die Gutgläubigkeit von ihr abgefallen.

»Jaaa. Haben Sie einen Ausweis?«

»Natürlich. Den können wir Ihnen gleich zeigen. Lassen Sie uns rein?«

Der Summer ertönt. Wir laufen in den dritten Stock und klopfen. Ich halte meinen Dienstausweis vor den Spion. Drinnen klappert eine Kette, dann öffnet sich die Tür und Lavendelduft empfängt uns. Eine alte Dame mit kleinen Löckchen und geblümter Bluse setzt ihre Lesebrille auf, die an einer goldenen Kette um ihren

Hals baumelt, studiert meinen Ausweis, nickt und bittet uns herein.

»Sie müssen entschuldigen«, sagt sie. »Die Leute, die vorhin angerufen haben, haben ja auch behauptet, sie wären von der Polizei.«

Ich nicke verständnisvoll. Lieber einmal zu misstrauisch sein, als in irgendeine Falle zu tappen. Neulich wurden wir zu einem Mehrfamilienhaus gerufen, wo falsche Polizeibeamte sich an Briefkästen zu schaffen machten. »Sie sind noch da, im Treppenhaus!«, hatte der Anrufer aufgeregt gesagt. »Kommen Sie schnell!« Wir sind sofort losgefahren. Dann teilte uns mein Kollege Erik über Funk mit, dass sie im benannten Haus wären. Also genau dort, wo mutmaßlich falsche Polizisten am Werk seien. Unsere Kollegen waren gerade dabei, einen Diebstahl aus einem Briefkasten aufzunehmen. Und ein älterer Herr, der sie durch den Türspion dabei beobachtet hatte, hatte uns gerufen – weil der Anrufer selbst vor Kurzem Opfer von Trickbetrügern geworden war.

Die alte Dame, bei der wir heute sind, ist ganz aufgelöst.

»Was ist denn genau passiert?«, frage ich.

»Ach, es war furchtbar«, sagt sie und ihre Locken wippen aufgeregt. »Die haben gesagt, es wären Einbrecher im Haus unterwegs. Eine ganze Bande. Ich sollte schon mal mein Geld und meinen Schmuck in Sicherheit bringen.«

»Was sollten Sie denn mit dem Geld und dem Schmuck machen?«, frage ich.

»Sie sagten, ich sollte es bei einem erneuten Anruf aus dem Fenster schmeißen. Die Polizisten würden es auffangen und gut aufbewahren, bis die Täter gefasst sind. Sie wollten, dass ich alles einpacke. Schauen Sie, hier habe ich es sortiert.« Sie zeigt auf einen antiken runden Tisch, auf dem ein Häkeldeckchen und Plastiktüten in verschiedenen Größen liegen.

»Schmuck habe ich keinen. Die Fünfziger habe ich in diese Tüten getan und die Hunderter in die größeren. Dann habe ich die so zusammengebunden« – sie zeigt auf eine Kordel – »und in eine Einkaufstüte getan.« Die Dame erklärt so eifrig. Die Situation ist rührend und tragisch zugleich.

»Wie viel Geld war es denn?«, fragt Dunya. Ich halte die Luft an, denn ich fürchte, es war nicht wenig.

»Meine kompletten Ersparnisse. Zwanzigtausend Euro.« Sie flüstert, als wäre es nicht ganz so schlimm, wenn die Summe nicht laut hörbar ist.

»Ich habe es rausgeworfen, als sie wieder angerufen haben. So wollten die das.« Sie setzt sich auf einen Stuhl und schrumpft zu einem Häufchen Elend zusammen.

»O je«, sage ich. »Warum hatten Sie denn so viel Bargeld im Haus?«

»Ich dachte, hier ist es sicherer als auf der Bank, verstehen Sie? Außerdem komme ich mit diesen Geldautomaten nicht zurecht.«

Ich glaube zwar nicht, dass Geld zu Hause sicherer ist, aber ich verstehe sie. Bei der Arbeit habe ich häufig mit alten Menschen zu tun, die in dieser Welt voller Automaten und Computer nicht mehr gut auskommen. Sie brauchen eigentlich jemanden, der die Rätsel des modernen Alltags mit ihnen gemeinsam löst. Aber die Kinder sind oft weit weg, haben eigene Familien, und die Freunde ringsherum sind nach und nach gestorben oder selbst nicht mehr in der Lage zu helfen.

Es gibt da einen Mann, der immer wieder zu unserer Wache kommt, weil außer der Polizei niemand da ist, den er um Hilfe bitten kann. Er ist fast neunzig, schwerhörig und tüdelig, aber ein Mensch mit viel Lebenserfahrung, der es verdient hat, dass man ihm mit Respekt begegnet. Die Kolleginnen und Kollegen wissen, dass ich mich gern um ihn kümmere, wenn ich gerade nichts

Dringendes zu erledigen habe. Deswegen rufen sie direkt nach mir, wenn der alte Mann kommt. »Hey, Lana, dein Opi ist wieder da!« Neulich stand er wieder einmal vor der Wache, die weißen Haare vom Wind zerzaust, und ich habe sofort gesehen, dass er verzweifelt war.

»Meine Freundin! Ich erreiche sie nicht. Ich weiß nicht, vielleicht ist etwas passiert?!«

Seine Stirn war ganz zerwühlt vor Sorge. Ich wusste gleich, von wem er redet. Eine alte Frau, die in der Nachbarschaft wohnt. Die beiden besuchen sich regelmäßig, sie haben einander und sonst niemanden.

Ich habe ihn gefragt, ob er versucht habe, sie von seinem Handy aus anzurufen. Er hat genickt und sein Adressbüchlein aus der Tasche geholt. Der Ledereinband war über die Jahre ganz bröselig geworden. Dann hat er mir sein altes Nokia gereicht. Ich bin in die Anrufliste, habe gesehen, dass er einen Zahlendreher in der Nummer hatte, habe die richtigen Ziffern eingetippt und nach dreimal Klingeln war seine Freundin dran und die Welt wieder in Ordnung. Für mich war das eine Kleinigkeit. Für meinen Opi hat es in dem Moment alles bedeutet.

»Wie sah denn die Tüte aus, die Sie aus dem Fenster geworfen haben?«, frage ich die Dame mit den kleinen Löckchen.

»Rot und weiß. Vom Supermarkt.«

Ferhat schaut aus dem Fenster, aber auch von oben ist nichts zu sehen. Er funkt die Kollegen an, die mit der Tatortnahbereichsabsuche beschäftigt sind, und gibt ihnen die Beschreibung der Tüte sowie die Menge der darin befindlichen Summe durch.

»Ich geh auch noch mal runter«, sagt er. »Vielleicht finde ich ja noch was.«

»Wann war das denn, dass Sie das Geld rausgeworfen haben?«, frage ich.

»Na, gleich als diese Polizisten ... also diese Leute noch mal angerufen haben. Sie meinten, sie wären jetzt gleich vor dem Haus. Das war so vor fünfzehn Minuten.«

Fünfzehn Minuten! Wie weit man in dieser Zeit rennen oder fahren kann!

»Haben Sie irgendjemanden erkennen können?«

Die alte Dame schüttelt verlegen den Kopf.

»Nein, ich sollte auf keinen Fall rausschauen, falls die Einbrecher von draußen schießen. Außerdem sagten sie, ich dürfe niemandem Bescheid geben, um den Einsatz der Polizei nicht zu gefährden ...«

Ich sehe ihr an, wie unangenehm es ihr ist, dass sie auf die Geschichte hereingefallen ist. Aber sie war in Panik, das ist ihr immer noch anzumerken. In Panik schüttet der Körper besonders viele Stresshormone aus. Es ist erwiesen, dass diese unser logisches Denken hemmen. Und gerade im Alter sorgen schon vermeintlich kleine Dinge für große Aufregung. Die Täter wissen das, und sie nutzen es aus. Dann verschwinden sie, so schnell sie können, und in vielen Fällen gibt es nicht einmal eine Personenbeschreibung, weil die Opfer sie gar nicht gesehen haben.

»Aber irgendwie kam es mir doch komisch vor«, sagt die Frau, »deswegen habe ich ja auch extra meinen Sohn angerufen, nachdem ich das Geld aus dem Fenster geworfen habe.«

»Was geschah dann?«, frage ich.

»Mein Sohn hat sofort gesagt: Mama, ruf die Polizei!« Sie atmet schwer und hält einen Moment inne. Ich merke, dass sie ihre Gedanken sortiert, und gebe ihr Zeit. »Aber der Anruf kam doch von der Polizei. Ich habe es gesehen! Auf dem Display von meinem Telefon stand es. 110! Das ist doch der Notruf.« Es wirkt fast, als wolle sie sich rechtfertigen. »Das habe ich auch meinem Sohn gesagt. Ich war mir in dem Moment wirklich sicher, dass das keine Betrüger sein können! Deswegen habe ich das Geld rausgeworfen.« Sie zuckt hilflos mit den Schultern.

Dunya erklärt ihr, dass Trickbetrügerinnen und -betrüger oft eine Technik verwenden, die auf der Nummernanzeige des Angerufenen die 110 erscheinen lässt. Sie sind in der Lage, jede beliebige Nummer erscheinen zu lassen, auch die von örtlichen Polizeidienststellen. So können sie ihre Opfer perfekt täuschen.

»Wie ging es denn dann weiter?«, fragt Dunya.

»Mein Sohn hat gesagt, ich soll sofort die Polizei anrufen. Also habe ich die 110 gewählt. Aber da ging auf ein mal jemand anderes ran als der Mann, mit dem ich davor gesprochen hatte.«

Ich fühle mit der alten Dame, der in diesem Moment klar geworden sein muss, dass sie das Opfer von Kriminellen geworden ist. Es ist ein schlimmes Gefühl, wenn man merkt, wie arglistig man getäuscht worden ist.

Ferhat klingelt und ich drücke den Türöffner. Die alte Dame schaut hoffnungsvoll.

»Und?«, fragt sie, als mein Kollege die Treppe hochkommt.

»Tut mir sehr leid«, sagt er. »Aber die sind wahrscheinlich mit dem Geld über alle Berge.«

Die Frau sieht aus, als würden ihr gleich die Tränen kommen.

»Sie können versuchen, sich vor solchen Betrügereien zu schützen«, tröste ich sie. »Bringen Sie Ihr Geld lieber zur Bank, und seien Sie bitte vorsichtig. Rufen Sie lieber einmal mehr die Polizei an als einmal zu wenig, in Ordnung?«

Sie nickt tapfer und ich hoffe, dass sie sich von ihrem Schock bald erholen wird. Immerhin ist sie nicht allein, sondern hat ihren Sohn, der ihr zur Seite stehen kann.

12 HINTER DER FASSADE

»Wir sind in zwei Stunden wieder zu Hause«, rief meine Mutter. »Mach deine Hausaufgaben«, mahnte mein Vater, obwohl ich längst am Schreibtisch saß.

Er half meiner Mutter in die Jacke und die beiden machten sich auf den Weg zu einem Arzttermin. Die Tür fiel ins Schloss. Ich rannte auf den Balkon und schaute meinen Eltern nach, bis sie um die Ecke gebogen waren. Dann tippte ich eine Nachricht an Mauricio.

Kannst kommen! Sie sind weg!

Mauricio hatte ein Auto gemietet, er parkte außer Sichtweite und wartete auf mein Kommando, um mir beim Auszug zu helfen. Ich holte zwei Müllbeutel aus der Küche, lief in mein Zimmer, zog die oberste Schublade meiner Kommode auf und stopfte Tops, Pullover und Unterwäsche in die blauen Säcke. Ich flitzte durch die Wohnung wie in einem Zeitraffer-Video, denn ich wusste nicht, wie viel Zeit mir blieb. Ich wollte auf jeden Fall weg sein, bevor sie zurückkamen.

Es klingelte. Ich zuckte zusammen. Meine Eltern?! Dann piepte mein Handy.

»Bin da!«

Erleichtert atmete ich auf. Es war bloß Mauricio. Ich schleppte den ersten Müllsack die Treppen hinunter und er legte ihn in den Kofferraum des geliehenen Kombis. Zum Glück hatte Mauricio einen Führerschein. So konnten wir meinen Auszug heimlich und schnell abwickeln. Wir hatten niemandem erzählt, was wir vorhatten. Außer Sevana wusste kein Mensch von meinem Plan.

»Sie werden schrecklich enttäuscht sein«, hatte sie prophezeit. »Und ich verstehe sie. Aber ich verstehe auch dich.« Sie wusste, dass ich Freiheit suchte, genau wie sie selbst, als sie sich für ein Leben mit Arif entschieden hat.

Mauricio und ich trugen all meine Sachen gemeinsam hinunter zum Auto. Als Letztes holten wir mein elektrisches Klavier, das meine Mutter für Sevana und mich gekauft hatte, damit wir das Klavierspielen nicht verlernten. Dann schloss ich ab und ging. Ich hinterließ nicht einmal einen Zettel, es fehlten mir die Worte für das, was ich tat.

Ich fragte mich, wie mein Vater reagieren würde. Mir war klar, dass er nicht anrufen würde, dafür war er zu stolz, genau wie meine Mutter. Doch Sevana meldete sich, als ich gerade meine Klamotten bei Mauricio eingeräumt hatte. Mir war sofort klar, dass sie mit unseren Eltern gesprochen hatte.

»Was haben sie gesagt?«, fragte ich.

»Papa hat geweint.«

Ich hatte meinen Vater niemals weinen sehen. In mir zog sich alles zusammen. Sevana sagte nichts weiter. Sie sagte nicht, ich solle zurückgehen. Wir beide wussten, dass es jetzt kein Zurück mehr gab. Ich hatte mich entschieden zu gehen, weil ich es zu Hause nicht mehr ausgehalten hatte. Ich dachte, wenn ich nur der Kontrolle meiner Eltern entrinnen würde, würde alles besser werden. Ich hatte keinen blassen Schimmer, wie naiv dieser Gedanke war, aber es dauerte keine vier Wochen und ich bekam eine Ahnung davon, was diese Beziehung in Wirklichkeit bedeutete.

Es war Samstagabend, wir waren in einem Club in Mitte, ein paar Freunde waren mitgekommen. Mauricio hatte schnell und viel getrunken, er liebte es zu feiern und unter der Woche blieb er oft liegen, wenn er eigentlich in die Autowerkstatt musste, wo er im Rahmen seiner Ausbildung ein Praktikum absolvierte.

Er legte den Arm um meine Taille, zog mich an sich und küsste meinen Hals. »Lana, komm!«, lallte er und trat mir dabei auf den Fuß. Er riss mich beinahe um. Ich mochte diese Torkelei nicht und hatte wie immer nichts getrunken. Ich löste mich aus seiner Umarmung, tanzte mich frei und warf meine Haare zurück. Der Beat hämmerte gegen meinen Brustkorb. Ich schloss die Augen und tanzte allein. Als ich sie wieder öffnete, stand ich zwischen zwei jungen Typen und lächelte sie höflich an, bevor ich mich an ihnen vorbeiquetschte, um zurück in die Richtung zu gehen, wo ich zuletzt mit Mauricio getanzt hatte. Doch er war verschwunden, also ging ich an die Bar, wo seine Kumpel und unsere Getränke stehen geblieben waren. Dort stand er und sah mich wütend an.

»Lana! Du Schlampe!«, brüllte er. »Haste jetzt genug von deinem Lover?« Er rempelte mich an, war durch Zorn und Alkohol in seinen motorischen Fähigkeiten reduziert, und ich stolperte. Ein Arm fing mich auf. Es war Mauricios Freund Pepe.

»Alter, mach mal langsam!« Er hob beruhigend die Hand, aber Mauricio ignorierte ihn.

»Pass mal auf!«, schrie er mich an. »Ich zeig dir, was passiert, wenn du mit anderen flirtest!«

Mein Freund kochte vor Eifersucht, dabei hatte ich ihm gar keinen Grund dafür gegeben. Ich hatte keine Ahnung, was in ihn gefahren war, aber hier wollte ich keine Sekunde länger bleiben, also drehte ich mich um, holte meine Jacke und ging.

Zu Hause lag ich hellwach im Bett. Ich fragte mich, warum Mauricio mir derartig misstraute, und fand keine Antwort. So kannte ich ihn nicht, und es erschreckte mich, diese Seite von ihm zu erleben. Um drei Uhr hörte ich schließlich, wie er die Wohnungstür aufschloss.

»Bitte verzeih mir, Baby!«, wimmerte er, kam mit unsicherem Gang auf mich zu und fiel vor dem Bett auf die Knie. Er legte seinen Kopf auf die Matratze und weinte wie ein Kind.

»Lass mich in Ruhe, ich will schlafen«, sagte ich und versuchte, möglichst cool zu klingen, dabei zitterte ich vor Wut. Ich drehte Mauricio den Rücken zu, zog mir die Decke über den Kopf und wartete. Nach einigen Minuten wurden seine Atemzüge tiefer und er begann zu schnarchen. Dann schlief auch ich endlich ein.

Am nächsten Morgen beteuerte Mauricio erneut seine Reue.

»Ich liebe dich. Echt, ich weiß gar nicht, was gestern mit mir los war«, beteuerte er.

»Du hast zu viel getrunken«, sagte ich.

Mauricio schwor mir, dass so etwas nie wieder vorkommen würde, und schließlich verzieh ich ihm, weil ich ihm glaubte.

Bald darauf verlor er seinen Ausbildungsplatz. Zu oft gefehlt, zu oft zu spät. Mauricio war frustriert und wurde wegen jeder Kleinigkeit aggressiv, und allmählich verschwand der nette Typ, in den ich mich verliebt hatte, hinter einer Wand aus Launenhaftigkeit. Ich hoffte, dass es einfach eine Phase wäre, die vorbeigehen würde, denn er beteuerte immer wieder, dass er mich liebte und sich aufrappeln würde.

»Ich möchte deine Eltern kennenlernen«, sagte er eines Tages. »Dann wird alles besser.«

Es war wie ein Rettungsanker, diese Vorstellung, dass alles wieder gut werden würde, so leicht und wundervoll, wie es sich am Anfang unserer Beziehung angefühlt hatte. Aber meine Eltern und Mauricio? Ich fand den Gedanken, aus heiterem Himmel zu Hause aufzukreuzen und ihn vorzustellen, absurd.

»Sie werden dich nicht akzeptieren«, sagte ich kopfschüttelnd.

»Und wenn wir heiraten?«, drängte er.

Ich schüttelte wieder den Kopf, weil die Idee so abwegig war. Ich – einen Brasilianer heiraten? Vermutlich würde ich für eine Heirat nach Baku reisen müssen, denn all unsere Verwandten müssten zu einer großen Feier eingeladen werden. Diese ganze Hochzeitsidee und alles, was damit verbunden war, kam mir irrwitzig vor. Für Mauricio hingegen war das Thema nicht erledigt. Mein Freund, der vom einfachsten Papierkram überfordert war, konvertierte zum Islam, weil er dachte, meine Eltern hätten ein Problem mit seiner Religion. Ich erklärte ihm, dass meine Eltern ihn trotzdem nicht akzeptieren würden.

»Und wenn wir in einer Moschee heiraten?«, fragte er.

»Vergiss es einfach! Denen geht es nicht um die Religion. Sie wollen, dass ich einen Aserbaidschaner heirate. Jemanden, der ihre Sprache spricht, nach der Tradition lebt.«

Abgesehen davon wollte ich noch nicht heiraten. Mein Ziel war es gerade, das Abitur zu machen, und nicht, eine junge Ehefrau zu werden, Kinder zu bekommen, den Haushalt zu schmeißen und für den Rest meines Lebens von einem Mann abhängig zu sein, von dem ich nie genau wusste, wann er den nächsten Wutanfall bekommen würde.

13 EINE HEIMLICHE KATASTROPHE

Heute Nacht habe ich Innendienst. Ich sitze auf der Wache und bin für die Bürgerinnen und Bürger zuständig, die mit ihren Anliegen zu uns kommen. Am Ende der Schicht sorge ich dafür, dass die Küche sowie die anderen Räume sauber an die Folgeschicht übergeben werden können. Ich bin gerade damit fertig, das Geschirr vom Abendessen in die Spülmaschine zu räumen, und hänge einen frischen Müllsack in den fahrbaren Abfallbehälter, mit dem ich nachher durch die Räume rollen werde.

»Und dafür hast du drei Jahre studiert«, sagt Karsten, zeigt auf den blauen Sack und grinst. Ich muss lachen.

»Das ist das Highlight meiner Nachtschicht«, antworte ich.

Eine schrille Stimme unterbricht uns.

»Hör auf zu heulen!« Es klingt laut und sehr ärgerlich. Ich bin neugierig, was dort vor sich geht, und lasse den Abfallbehälter stehen, gehe den Flur entlang Richtung Eingang und entdecke die Quelle der ärgerlichen Schimpfkanonade. Eine Frau mittleren Alters, sie hat ein junges Mädchen im Schlepptau, das verweint aussieht. Mutter und Tochter, tippe ich. Es könnte sich hier um ein sensibles Thema handeln.

Ich gebe den Kolleginnen und Kollegen Bescheid, dass ich mich um die beiden kümmere. Die ältere der beiden Frauen erklärt mir, dass die jüngere, die sie eben so lautstark ausgeschimpft hat, ihre zwanzigjährige Tochter sei, und es würde um einen Mann gehen, mit dem sie zusammen sei, und zwar heimlich, was für eine Katastrophe!

»Hättest du auf mich gehört, wäre das alles nicht so weit gekommen!«, schimpft sie mit einem Seitenblick auf die junge Frau.

Ich wende mich der Tochter zu. »Was ist denn passiert?« Sie schluchzt laut auf, woraufhin die Mutter sie derb anschnauzt.

»Warum weinst du?«, versuche ich es noch einmal. Die Tochter schüttelt stumm den Kopf und ich warte geduldig ab. Ihre Mutter redet derweil auf Türkisch auf sie ein. Die junge Frau sieht mich an.

»Kann ich alleine mit Ihnen reden?«, fragt sie leise.

»Sicher«, antworte ich, wende mich der Mutter zu, die ärgerlich die Schultern zuckt, und zeige der Frau, wo sie auf ihre Tochter warten kann.

»Er hat mich geschlagen«, sagt die junge Frau, als wir die Tür des Schreibraumes hinter uns geschlossen haben. »Ich will ihn anzeigen.«

Ich nicke und werde eine Anzeige aufnehmen. »Erzähl erst mal von Anfang an«, bitte ich sie. »Wer ist er?«

»Er heißt Murat.« Sie zögert kurz. »Erzählen Sie meiner Mutter, was ich hier sage?«

Ich schüttele den Kopf. Sie nickt beruhigt.

»Wir sind zusammen. Seit zwei Jahren. Aber heimlich. Und heute hat er mich ins Gesicht geschlagen, einfach so, weil er meinte, ich treffe mich hinter seinem Rücken mit anderen Männern.« Sie schluchzt. »Deswegen habe ich es meiner Mutter gesagt.«

»Ist es vorher schon mal vorgekommen, dass er gewalttätig geworden ist?«, frage ich.

»Nein«, antwortet sie zögernd. »Er hat mich nur angeschrien. Er ist furchtbar eifersüchtig und hat mich immer kontrolliert.«

»Wie hat er dich kontrolliert?«, frage ich zurück.

»Er hat immer in mein Handy geschaut. Ich hab's ihm freiwillig gezeigt, damit er mir vertrauen kann. Er sagte immer, du bist so jung und schön, du bist zwanzig, ich bin schon fünfunddreißig, und ich muss mir sicher sein, dass du nichts mit anderen Männern anfängst. Er meint, wenn er meine Nachrichten lesen würde, dann könnte er ja sehen, dass es keinen anderen gibt.«

Ich gebe den Namen des Mannes in den Computer ein. Das System spuckt Informationen aus, ich überfliege sie und Zeile für Zeile wird mir klarer, dass der Mann eine wirkliche Gefahr für das Mädchen darstellen könnte. Offenbar hat er sie bezüglich seines Alters angelogen, er ist nicht fünfunddreißig, sondern dreiundvierzig. Mehrere Frauen haben Anzeige gegen ihn erstattet. Wegen häuslicher Gewalt, wegen Nachstellung. Ich fürchte, dass das Mädchen nichts davon ahnt. Allerdings darf ich ihr nichts verraten, so sind die Vorschriften, deswegen bleibt mir nur, an ihren Verstand zu appellieren.

»Hör zu«, sage ich und schaue sie eindringlich an. »Sei bitte vorsichtig. Entferne dich von ihm, am besten blockierst du alle Möglichkeiten, wie er dich kontaktieren kann. Wenn du meinen Rat willst: Brich den Kontakt ab. Wenn er erfährt, dass du eine Anzeige erstattet hast, wird er sicher nicht erfreut darüber sein.«

Sie schaut mich zweifelnd an. »Aber er sagt, er liebt mich wie keine andere.«

»Das mag sein«, antworte ich. »Doch er wurde dir gegenüber handgreiflich, du darfst diese Gewalt nicht tolerieren.«

Sie schüttelt den Kopf. »So schlimm ist er nicht.«

»Willst du wirklich weiterhin mit einem Mann zusammen sein, der dich geschlagen hat? Du bist jung und hast dein ganzes Leben vor dir!« Ich klinge womöglich wie ihre große Schwester, aber vielleicht erreiche ich sie mit meinen Worten. »Du wirst einen anderen Mann kennenlernen, der dich respektieren wird!«

»Eigentlich kümmert er sich um mich«, verteidigt sie ihren Freund. »Er hat mir schon ein paarmal Geld gegeben. Und er behandelt mich wie eine erwachsene Frau. Meine Mutter will immer nur, dass ich wie ein kleines Mädchen zu Hause bleibe. Sie verbietet mir alles!«

Ich verstehe, was in ihr vorgeht. Die Enge daheim. Die strenge Mutter. Der Mann, der sie verwöhnt und ein Ausweg zu sein scheint, dessen Kontrolle sie akzeptiert, weil er ihr vorgaukelt, sie sei seine große Liebe. Dabei hat sie keine Ahnung, an wen sie geraten ist, und ich befürchte, dass sie sich wieder auf ihn einlassen wird, sobald die Wut verraucht ist. Sie ist jung, hoffnungsvoll und auf eine normale Art naiv, aber genau das bringt sie in Gefahr. Die Zwanzigjährige erinnert mich an meine Schwester, an ihren trotzigen Glauben an die große Liebe, der umso stärker wurde, je strenger Mama war, und ich fürchte, dass ich mit meinen Warnungen bei ihr nichts erreichen werde. Ich entscheide mich, mit der Mutter der jungen Frau zu reden.

»Ich verstehe Ihren Ärger«, beginne ich. »Aber darf ich Ihnen dazu etwas sagen? Ihre Tochter ist verliebt in diesen Mann. Sie wird es ihm vermutlich verzeihen, dass er sie geschlagen hat. In ihren Augen ist er nett, und Sie sind die Böse. Je strenger Sie sind, umso mehr treiben Sie Ihre Tochter zu ihm.«

Die Mutter sieht mich betroffen an und denkt kurz nach.

»Aber ich sorge mich um sie. Warum lässt Gott das zu?« Sie schüttelt den Kopf und ihr steigen Tränen in die Augen.

»Mein Mann hat mich jahrelang geschlagen. Ich selbst habe nie den Mut gehabt, Anzeige zu erstatten. Aber jetzt komme ich mit meiner Tochter, weil ich nicht will, dass es ihr so geht wie mir. Dass sie das alles erträgt…« Sie schlägt verzweifelt die Hände vor das Gesicht.

Ich reiche ihr ein Taschentuch, dann setze ich mich neben die

Frau und erzähle ihr in ein paar kurzen Sätzen aus meinem Leben. Von meinen Eltern, die mir alles verboten haben, was eine junge Frau gern tut. Die so streng waren, dass sie mich damit in die Arme eines Mannes getrieben haben, den ich sonst vielleicht ein paar Mal getroffen hätte, mit dem ich mich aber niemals auf eine ernsthafte Beziehung eingelassen hätte, wäre da nicht das Gefühl gewesen, nur so der elterlichen Strenge entkommen zu können.

Die Frau hört mir aufmerksam zu. Dann nickt sie nachdenklich. »Kann ich zu meiner Tochter?«, fragt sie schließlich.

»Natürlich«, sage ich, stehe auf und gehe voraus. Als wir in den Nebenraum kommen, wo meine Kollegin Isabel auf sie geachtet hat, schaut die junge Frau ängstlich auf, aber ihr Gesicht entspannt sich sofort, als sie den Gesichtsausdruck ihrer Mutter sieht.

»Meine Tochter«, sagt die Frau. Sämtlicher Ärger ist aus ihrer Stimme gewichen und sie schließt das Mädchen fest in die Arme. Nach einigen Sekunden löst sich die Tochter aus der mütterlichen Umarmung und schaut uns fragend an.

»Wird er mitbekommen, dass ich ihn angezeigt habe?«

»Ja, sicher.«

»Gut so. Ich bin so wütend. Er soll kapieren, dass er mich nicht schlagen darf.«

»Geht es dir darum, ihm eins auszuwischen?«, frage ich. »Es ist doch wichtiger, wie es mit dir weitergeht. Du bist erst zwanzig, du hast noch so viel vor dir. Du kannst entscheiden, was du aus deinem Leben machst. Ich kann dir wirklich nur raten, den Kontakt zu diesem Mann abzubrechen.«

Verunsichert schlägt sie die Augen nieder und malt mit der Fingerspitze Kreise auf die Tischplatte.

»Ich will doch bloß, dass er es nicht wieder tut«, flüstert sie.

Ich sehe ihr an, dass sie glauben möchte, der Schlag sei nur ein

Ausrutscher gewesen, eine einmalige Angelegenheit, die ihr Liebhaber bereuen würde.

Wieder muss ich an die Zeit mit Mauricio denken, an alles, was ich ertragen habe, weil ich mir ein Leben ohne ihn nicht vorstellen konnte. Auch die junge Frau scheint noch nicht bereit, ihre Beziehung zu beenden. Ich hoffe, dass ihre Mutter ihr von nun an beistehen wird, statt sie zu verurteilen. Ich wünsche, dass dieses Mädchen es schafft, sich von dem Mann zu trennen, mit dem es keine Zukunft gibt, und ihren eigenen Weg geht.

14 STARK BLEIBEN

Mein Traum war es, zu studieren. Ich wollte es schaffen und einen sinnvollen Beruf ergreifen. Niemand sollte mich davon abhalten – nicht Mauricio, der mir zu Hause immer wieder die Hölle heißmachte, und auch nicht die Mitschülerinnen und Mitschüler, die mich seit meinem Schulstart in Deutschland mit fiesen Bemerkungen schikanierten. Ich konnte eine Menge aushalten, doch als ich in der zwölften Klasse war, spitzte sich die Situation zu und plötzlich stellte ich alles infrage.

Es war das Ende der Deutschstunde. Unser Lehrer hatte den Kursraum bereits verlassen und ich war auf die Toilette gegangen. Als ich zurückkam, musterte mich mein Mitschüler Felix von oben bis unten.

»Na, Sinti? Fallen dir die Latschen bald vom Fuß?«, spottete er und grinste in die Runde seiner Kumpels. Sechs Augenpaare starrten auf meine Turnschuhe, als wären sie stinkender Müll. Ich trug abgetragene Stoffschuhe, vor vielen Monaten hatten sie fast wie echte Chucks ausgesehen. Jetzt war die Sohle heruntergetreten und an der Seite zog sich ein kleiner Riss. Die Jungs trugen natürlich Originale, die Sohlen so weiß, als wären sie frisch aus dem Laden.

Ich konnte mir keine Markenschuhe leisten und musste babysitten, um Essen, Schulsachen und hin und wieder auch Kleidung zu kaufen. Ich musste mein Handy selbst bezahlen, während meine Mitschülerinnen und Mitschüler alles von ihren Eltern finanziert bekamen. Ich hasste ihre Blicke. Ihr Spott war unerträglich. Seit ich auf das Gymnasium gewechselt war, hatten sie mich im Visier, und je mehr sie mich drangsalierten, desto schneller ging es auch mit meinen mündlichen Leistungen bergab, weil ich tierische Angst davor hatte, mich zu melden. Fast immer, wenn ich etwas sagte, zischten Christoph und Felix mir etwas Gemeines zu. Es war nie so laut, dass die Lehrerinnen und Lehrer es verstehen konnten, aber weil die Jungs nah genug bei mir saßen, konnte ich es nicht überhören. »Sinti!« Es reichte, um mich zu verunsichern, und es verletzte mich. Andere Mitschülerinnen und Mitschüler lachten, wenn sie mich beschimpften. Trotzdem hatte ich es monatelang ertragen oder versucht, es zu ignorieren. An diesem Tag aber war meine Wut stärker als die Angst.

»Hört doch endlich damit auf!«, schrie ich und ging einen Schritt auf sie zu. »Lasst es einfach!«

Einen winzigen Moment schienen sie überrascht, dass ich mich wehrte. Dann stießen sie sich mit den Ellenbogen in die Seiten, drehten sich um, verzogen sich auf ihre Plätze und kicherten vor sich hin. Ich war so aufgebracht, dass ich nicht bemerkt hatte, wie hinter mir der Mathematiklehrer hereingekommen war.

»Lana setzen, oder brauchst du eine Extra-Einladung?«

Es herrschte Totenstille. Alle hatten mitbekommen, was passiert war, aber niemand ergriff das Wort, um dem Lehrer zu erklären, wie es sich wirklich abgespielt hatte. Es war so ungerecht! Ich ging auf meinen Platz, während mir heiße Tränen in die Augen stiegen.

»Nicht weinen, Lana«, flüsterte Ulyana, meine russische Sitznachbarin, und reichte mir ein Taschentuch. Ich schnäuzte mich. Der Unterricht begann, aber das Rinnsal auf meinen Wangen verwandelte sich in einen Tränen-Tsunami, unkontrollierbar und gespeist von all den Demütigungen, die ich in den letzten Monaten geschluckt hatte.

Die Schrift in meinem Heft verschwamm. Ich saß in der zweiten Reihe, der Lehrer musste mitbekommen, dass ich weinte, aber es schien ihn nicht zu interessieren. Er erklärte stattdessen irgendwelche Formeln. Meine Traurigkeit verwandelte sich allmählich in Wut, auf ihn, auf die Jungs, dass ich beschloss zu gehen. Die konnten mir alle mal gestohlen bleiben Aber alles war nass, der Tisch, mein verheultes Gesicht, und bevor ich ging, wollte ich das richten.

»Hast du noch ein Taschentuch?«, flüsterte ich Ulyana zu. Sie fragte die Mädchen in der Nachbarbank. Taschentücher wurden weitergereicht, ich nahm sie, wischte Rotze und Tränen weg, stand auf, verließ den Klassenraum, ohne mich umzusehen, und knallte die Tür hinter mir zu.

Langsam schlich ich über den verlassenen Flur. So lange ich zur Schule ging, hatte ich immer die Kraft gefunden, weiterzumachen. Denn ich wusste, dass es keinen anderen Weg gab. Doch als ich in diesem Moment über mein Leben nachdachte, sah ich keinen Ausweg. Ich spürte nur noch pure Verzweiflung. Das Mobbing in der Schule würde nicht aufhören. Mein Freund war entweder weg oder hatte schlechte Laune. Meine Eltern konnte ich nicht um Hilfe bitten. Ich wollte einfach Frieden und ich hatte keine Ahnung, was ich tun sollte, um meine Probleme zu lösen.

Ein Mann tauchte am anderen Ende des Flures auf. Es war der Schulleiter. Er kam direkt auf mich zu und sah mich aufmerksam an.

»Was ist denn passiert?«, fragte er. Es klang so freundlich und ehrlich besorgt, dass ich mein jahrelanges Schweigen aufgab.

»Ich kann nicht mehr«, platzte es aus mir heraus. »Die Jungs …« Ich wusste nicht, was ich weiter sagen sollte, außerdem hatte ich diesen dicken Kloß im Hals.

»Komm mal mit in mein Büro, da können wir in Ruhe reden«, schlug er vor und ich folgte ihm.

Ich ließ nichts aus. Der Direktor hörte sich alles aufmerksam an. Nach einer halben Stunde stand er auf, öffnete die Tür zum Nebenzimmer, wo die Schulsekretärin saß, reichte ihr ein Blatt mit vier Namen und bat sie, die entsprechenden Schüler zu holen.

»Sofort«, fügte er hinzu. »Alle vier.«

Wenige Minuten später konfrontierte er meine Peiniger mit ihrem Verhalten. Der Schulleiter zitierte sie einzeln in sein Büro. Keiner von ihnen stritt irgendetwas ab, es wirkte fast, als fänden sie sich besonders cool. Die Gespräche schienen ihnen nicht einmal besonders unangenehm zu sein. Der Direktor erklärte jedem nacheinander, dass Mobbing eine ernste Angelegenheit sei. Er erzählte von einem Schüler, der zwei Jahre vorher aus dem Fenster gesprungen sei, weil er es nicht mehr ausgehalten hatte. Die Jungs hingen auf ihren Stühlen und machten Gesichter, als könnte ihnen das nicht egaler sein.

»Wie würde es dir gefallen, wenn dich jemand mit dem N-Wort bezeichnen würde?«, fragte der Direktor Bijan, der einen kenianischen Vater hatte.

»Keine Ahnung, fänd ich nicht schlimm«, sagte Bijan und lachte. Ich saß daneben und fragte mich, wie das alles ausgehen würde. Mir graute davor, wieder mit den Jungs im Unterricht zu sitzen. Sie zeigten keinen Respekt vor dem Direktor und sie würden es an mir auslassen, dass ich geredet hatte.

In den Tagen danach wurde klar, dass ich recht behalten sollte, denn der Spott ging weiter. Die Jungs achteten lediglich aufmerksamer darauf, dass kein Lehrer etwas mitbekam. Ihre Sprüche wurden sogar fieser. Ich ging noch einmal zum Direktor und flehte ihn an, mich in eine andere Klasse zu versetzen.

»Kommt nicht infrage«, antwortete er. »Damit wäre das Problem nicht gelöst, verstehst du? Sie würden sich den Nächsten suchen. Ich werde mir etwas anderes überlegen.«

Am nächsten Tag verkündete er seine Entscheidung.

»Ab jetzt habt ihr jeden Samstag Schule. Und zwar alle. Ihr werdet euch in dieser Zeit mit dem Thema Mobbing auseinandersetzen.«

Ein entsetztes Stöhnen ging durch die Klasse. Die Maßnahme betraf jeden Einzelnen. Und alle wussten, dass es am Verhalten der Jungs lag, die mich schikaniert hatten.

Ein Vierteljahr lang mussten wir jeden Samstag antreten. Es nervte mich zwar ungemein, da es Zeit kostete, aber ich wusste, dass die anderen noch weniger Lust darauf hatten als ich. Es war eine sehr wirksame Konsequenz, und auch wenn nach meinem Eindruck keiner meiner Peiniger zu einem besseren Menschen wurde, hielten sie sich endlich mit den Beschimpfungen zurück. Ich war unfassbar erleichtert, endlich herrschte Frieden an dieser Front. Aber es war, als würde die immer gleiche Summe an Stress sich lediglich umverteilen. Als wären sämtliche Teilbereiche meines Lebens miteinander verbunden, nahm immer dann, wenn es auf einer Seite leichter wurde, die Belastung woanders schicksalhaft zu.

Ich kam aus der Schule nach Hause. Mauricio saß am Küchentisch, las fluchend einen Brief, knüllte ihn zusammen und warf ihn in die Ecke. Ich hob das Knäuel auf und glättete es. Es war eine Mahnung vom Vermieter.

»Hast du schon wieder vergessen, die Miete zu überweisen?«, fragte ich. »Das Wohngeld ist doch da, oder?«

Mauricio sah mich giftig an. »Kümmere dich um deinen eigenen Scheiß!«

Er lief aus der Küche und im nächsten Moment hörte ich, wie die Wohnungstür krachend ins Schloss fiel. Ich atmete tief durch.

Er schien überfordert damit, Verantwortung für sein Leben zu übernehmen, und ich war diejenige, die sich kümmerte und dann dafür beschimpft wurde. Ich versuchte, das Türknallen auszublenden und mich zu beruhigen. Meine Energie sollte ich lieber für das Lernen aufsparen. Ich hatte nur noch ein paar Wochen bis zur mündlichen Abiturprüfung, war nervös und besorgt, dass ich stumm wie ein Fisch vor den Lehrerinnen und Lehrern stehen würde, weil mir die richtigen Antworten nicht einfielen. Aufgeben war allerdings das Letzte, was ich mir jetzt erlauben durfte. Ich wollte stark bleiben und zwang mich, meine Gedanken auf die englische Grammatik zu lenken. Nach einigen Stunden des konzentrierten Lernens kehrte Mauricio zurück und plötzlich eskalierte die Situation in einem Ausmaß, das ich in unserer Beziehung bislang nicht erlebt hatte.

Es begann damit, dass Mauricio die Wohnungstür krachend ins Schloss warf. Ich duckte mich über meine Bücher und beschloss, ihn zu ignorieren.

»Laaana!«

Ich reagierte nicht. Es gab nichts zu sagen, er sah doch, dass ich lernte. Auf einmal krachte es direkt hinter mir. Ich fuhr hoch und sah mich um. Mauricio trat auf den neuen Schrank ein, den wir uns erst vor wenigen Wochen gekauft hatten.

»Mauricio! Hör auf!«, rief ich, aber er trat immer fester zu, bis die Tür des Schrankes splitterte.

»Na? Antwortest du jetzt? Oder muss ich erst dein Klavier zertreten?«

»Hör auf!«, schrie ich so laut, wie ich nur konnte. Ich spürte, wie eine tiefe Verzweiflung in mir aufstieg, die sich mit Angst vermischte, und ich begann hemmungslos zu schluchzen. Der Druck, am nächsten Morgen in der Schule Leistung erbringen zu müssen und am Nachmittag den ganzen Stoff in mein Hirn zu schaufeln, machte mich fertig. Mauricio schrie weiter auf mich ein. Ich verstand kaum, was er sagte. Der Klang eines Martinshorns näherte sich, dann war es direkt vor dem Haus zu hören, aber statt wie sonst vorbeizurasen, schallte die Sirene konstant und extrem nah, erstarb dann plötzlich, während Blaulicht durch unser Fenster flackerte.

Erst als es klingelte, hielt Mauricio inne. Ich ging zur Tür und öffnete. Ein Polizist und eine Polizistin standen im Treppenhaus.

»Dürfen wir reinkommen?«, fragte die Polizistin und sah argwöhnisch an mir vorbei in den Flur, wo Mauricio stand. »Wir müssen nachsehen, was hier los ist. Die Nachbarn haben angerufen, weil sie lautes Weinen gehört haben. Waren Sie das?«

Ich nickte.

»Warum haben Sie geweint?«

»Wir haben uns bloß gestritten«, antwortete ich.

Die Polizistin sah mich skeptisch an, drehte sich zu ihrem Kollegen um und flüsterte mit ihm. Dann wandte sie sich wieder mir zu.

»Ich möchte allein mit Ihnen reden. Ihr Freund kann zu meinem Kollegen gehen.«

Mauricio tapste folgsam in den Flur zu dem Polizisten und die Kommissarin sah mich eindringlich an.

»Sagen Sie bitte die Wahrheit. Was hat er getan? Es bringt nichts, wenn Sie mich jetzt anlügen.« Sie klang ungeduldig und schaute streng. Mir war das alles furchtbar unangenehm, vor allem, dass die Nachbarn mitbekommen würden, dass die Polizei bei uns war. Ich wollte in diesem Moment mit niemandem sprechen und hätte mich am liebsten in Luft aufgelöst.

»Wir haben uns bloß gestritten«, wiederholte ich und hoffte, dass sie sich damit zufriedengeben würde, dass Mauricio sich beruhigen würde, sie wieder gehen würden und ich endlich weiterlernen könnte. Die Polizistin aber dachte nicht daran, die Wohnung zu verlassen. Sie sah sich misstrauisch in unserem einzigen Zimmer um, bemerkte den kaputten Schrank und musterte mich von oben bis unten. Wieder und wieder versuchte sie, etwas aus mir herauszubekommen, aber ich hatte ihr bereits alles gesagt. Mauricio hatte mich nicht geschlagen, aber ich wusste in dem Augenblick, als die Polizistin vor mir stand, dass die Grenze in unserer Beziehung erreicht war.

»Wir nehmen jetzt eine Anzeige wegen häuslicher Gewalt auf«, sagte die Polizistin entschlossen und notierte sich etwas auf einem kleinen Block. Ich wäre am liebsten in ein Loch gekrochen, so peinlich war mir das. Meine armen Eltern. Hoffentlich würden sie nichts davon mitbekommen. Ganz sicher hatten sie sich, als wir nach Deutschland gekommen sind, nicht erträumt, dass ich mich in eine solche Situation bringen würde. Die Polizistin fragte mich nach meinen Personalien, während ihr Kollege vermutlich gerade im Treppenhaus dasselbe mit Mauricio tat, und endlich, als sie mit ihren Fragen fertig waren, verabschiedeten sich die Beamtin und der Beamte.

Ich fühlte mich derart ermattet, als hätte ich einen Marathonlauf hinter mir. Ich sah Mauricio nicht, vielleicht war er in der Küche, jedenfalls hatte der Besuch der Polizei ihn kurzfristig zur Vernunft gebracht. Während ich auf mein Englischbuch starrte, spürte ich mit jeder Faser meines Körpers, dass sich etwas ändern musste.

15 DER MANN MIT DEM MESSER

»Eiiiileeee!« Die Stimme von Silvia klingt angenehm melodisch, obwohl es immer dringend ist, wenn sie ruft. Wir müssen sofort aufbrechen. Ein Familienstreit, ein Messer scheint im Spiel zu sein. Was genau passiert ist, wissen wir nicht, denn der Anrufer sprach gebrochen Deutsch.

Wir biegen mit Tempo in eine Seitenstraße ein. Die Reifen prasseln über das Kopfsteinpflaster. Wir fahren durch einen Lichterregen, die tiefstehende Sonne blitzt durch das dichte Laub der hohen Bäume, die die Straße säumen, und zeichnet helle Flecken auf die Fahrbahn.

In diesem Block wohnen eine große Anzahl rumänischer Familien. Es sind meist viele Familienangehörige, die sich wenige Quadratmeter teilen. Wir haben häufig Einsätze in dieser Gegend. Neulich erst war ich in der Nachbarstraße, gefährliche Körperverletzung. Ein heftiger Streit zwischen rumänischen Einwanderern und zwei anderen Mietern, die im Haus wohnten.

Der Familienstreit mit dem Messer soll in einer Wohnung im Hinterhaus stattgefunden haben. Wir sind die Ersten vor Ort, Verstärkung ist unterwegs, aber wir haben keine Zeit zu warten. Durch den dreckigen Hausflur, in dem ein geplatzter Müllsack üblen Geruch verbreitet und ein Kinderwagen mit kaputtem Verdeck steht, laufen wir Richtung Hinterhof.

Schon im Flur höre ich die Kinder, die dort spielen. Der ganze

Hof ist voll wie ein Kindergarten. Ein kleiner Junge, höchstens drei oder vier Jahre alt, sitzt auf dem Boden und stapelt Kieselsteine. Die anderen Kinder im Hof sind etwas älter. Ich sehe keine erwachsene Person.

Die Tür zum Hinterhaus wird von einem Keil offen gehalten. Jemand schreit etwas Unverständliches. Peter, der vor mir geht, hält sein Einsatzschild vor den Körper, das wir zum eigenen Schutz nutzen, unter anderem wenn Stichwaffen im Spiel sind.

Wir hören schnelle Schritte auf der Treppe. Ein Mann, zwei Jugendliche, eine Frau mit Panik in den Augen. Sie laufen erschrocken wie vor etwas fliehend die Stufen herunter. »Messer ...«, »Mama!«, »Bruder«. Alle reden auf einmal.

»Was ist passiert?« Ich spreche den älteren der beiden Männer an.

Er erzählt schnell und aufgeregt, dass sein Bruder Streit mit der Mutter hatte und ein Messer im Spiel sei. Um seine Erzählung zu untermalen, gestikuliert er eindrucksvoll mit den Händen.

»Hat er das Messer noch?«, frage ich.

»Angst!«, sagt die Frau, die sich hinter den Brüdern versteckt, und schaut unruhig nach oben.

Ich wiederhole meine Frage.

»Wo ist er? Hat er das Messer noch?«

Eine deutsch-rumänische Wortkaskade prasselt auf mich nieder. Ein großes Messer weggenommen, höre ich. Aha, sie behaupten, sie hätten den Bruder entwaffnet. Ob es stimmt, wissen wir erst, wenn wir oben sind. Ich nicke meinen Kollegen zu und bitte die Familie, vorsichtig zu sein, wenn wir in die Wohnung gehen.

Ich habe meine Waffe griffbereit, weil ich nicht wissen kann, was uns drinnen erwartet, aber ich hoffe, dass ich sie nicht benutzen muss. In Filmszenen ballern Polizistinnen und Polizisten oft einfach drauflos. Im wirklichen Leben hoffen wir, dass wir unsere

Schusswaffen nicht einsetzen müssen. Wenn eine Situation eintritt, in der Waffengebrauch möglich scheint, sind alle äußerst angespannt. Man weiß, dass im Zweifel nur Sekundenbruchteile bleiben, um zu reagieren – zu wenig Zeit, um in Ruhe nachzudenken, und dennoch darf es nicht zu Kurzschlusshandlungen kommen.

Einmal hatte ich einen Einsatz, der extrem brenzlig war. Meine Kolleginnen und Kollegen und ich wurden von den Nachbarn eines Mannes angerufen, der mit einer Pistole im Treppenhaus eines Mietshauses herumlief. Sie hatten ihn zufällig vom Vorderhaus aus beobachtet und sofort den Notruf gewählt. Wir kamen mit mehreren Funkwagen gleichzeitig an, gemeinsam mit zwei anderen Kollegen klingelten Leon und ich bei Nachbarn, der Summer ertönte, wir gingen vorsichtig rein, nahmen unsere Waffen aus dem Holster, stiegen die Stufen hoch, bis wir ihn sahen. Der Mann stand vor seiner Wohnungstür, die schwarze Pistole in der Hand, die Mündung auf das Linoleum des Bodens gerichtet.

Leon und ich waren nur wenige Meter von ihm entfernt, vorderste Reihe, höchste Gefahr für Leib und Leben, und hatten unsere Waffen auf ihn angelegt. Wir hatten keine Ahnung, was uns erwarten würde, wir sahen nur die Waffe in seiner Hand. Hoch konzentriert beobachtete ich ihn.

»Polizei! Keine Bewegung, oder ich schieße!«, rief Leon.

Unser Ziel war es, ihn zu entwaffnen. Ich behielt dafür die Hand und Waffe des Mannes im Blick. Er stand reglos vor uns und starrte uns an. Ich hatte meine Waffe auf ihn gerichtet, aber ich wusste gleichzeitig, wie wichtig es war, besonnen zu bleiben, um ein Blutbad zu vermeiden.

»Waffe fallen lassen! Lassen Sie die Waffe fallen!« Leons Worte hallten durch das Treppenhaus. Dann war es für eine Sekunde totenstill, bis ein schepperndes Geräusch erklang. Der Mann hatte die Pistole fallen gelassen.

»Zurück! Treten Sie zurück!«

Er taumelte regelrecht nach hinten, drei, vier Schritte, weg von der Waffe, wir sprangen vor, wir legten ihm die Handfesseln an. Wir hatten die Situation unter Kontrolle.

»Hey, ich hab doch gar nichts gemacht!«, sagte er und sah uns mit einer Mischung aus Ärger und Erstaunen an. »Leute, ich warte bloß auf meinen Bruder, ey, das ist ne Spielzeugpistole, ich wollte den bloß pranken!«

Ich weiß nicht, ob dem Mann klar war, wie echt Spielzeugpistolen aussehen können. Entweder sind sie Originalen extrem gut nachempfunden oder jemand hält sie weit genug entfernt, sodass keine Details erkennbar sind. Im Einsatz müssen wir erst mal davon ausgehen, dass eine Waffe echt ist, und der Stress in so einer Situation ist enorm.

Vielleicht ist dem Mann irgendwann bewusst geworden, in welcher Gefahr er sich in den Sekunden vor dem Zugriff befunden hatte. Noch heute denke ich oft an diesen Einsatz zurück. Die kleinste falsche Bewegung und wir hätten geschossen.

Im Haus der rumänischen Familie ist die Lage immer noch unübersichtlich. An der Wohnungstür erwarten uns weitere Familienmitglieder. Ein Haufen Schuhe in verschiedensten Größen liegt auf dem Treppenabsatz, kleine Kinderschuhe neben abgetretenen Sneakers neben Pumps. Immer wieder höre ich bei Einsätzen, dass die Familien, die hier leben, vom Kindergeld und der Sozialhilfe leben.

Mittlerweile sind noch mehr Kolleginnen und Kollegen eingetroffen und stehen mit uns vor der Wohnung. Vom schmalen Flur, der sich hinter der Wohnungstür öffnet, gehen mehrere Zimmer ab. Eine Tür steht offen, ich sehe vier Schlafstätten, die den Namen Bett nicht wirklich verdienen. Zwei junge Männer und eine aufgelöste Dame mit grauen Haaren stehen im Flur. Die ältere Frau deutet auf eine geschlossene Tür und greift sich an die Kehle. Sie wiederholt immer wieder dasselbe Wort, das ich nicht verstehe, vermutlich auf Rumänisch, und gestikuliert mit ihren Händen.

»Ist er da drin?«, fragt mein Kollege.

Die Frau und die beiden etwa zwanzigjährigen Männer, die neben ihr stehen, nicken. In ihren weit aufgerissenen Augen sehe ich, dass sie immer noch Angst haben. Ich bitte sie, zu ihrem eigenen Schutz sofort zu den Beamtinnen und Beamten zu gehen, die sich im Treppenhaus befinden. Zwei weitere Kollegen kommen in die Wohnung. Ich bin erleichtert, dass sie da sind, weil wir nicht wissen, was hinter der braunen Tür auf uns wartet.

»Muss ein richtig großes Muskelpaket sein«, raunt mir mein Kollege zu und mir geht dasselbe durch den Kopf. Das würde erklären, warum die gesamte Familie solche Angst hat. Ich schiebe mich an der Wand entlang. Bloß nicht direkt vor die Spanholztür, falls der Mann da drinnen eine Schusswaffe hat oder mit einem Gegenstand die Tür rammt. Erik und ich haben unsere Waffen gezogen.

»Polizei!«, ruft Erik, drückt die Klinke herunter und stößt die Tür auf. Ich scanne den kleinen Raum, der sich als eine Küche herausstellt. Das Spülbecken, voll mit schmutzigem Geschirr. Ein alter Herd, der ganz scheckig wirkt, weil so viel von der ehemals weißen Farbe abgeplatzt ist. Ganz rechts, teilweise verdeckt von der Tür: das Kopfende eines Bettes.

Erik steht neben mir. An seinem Atemrhythmus höre ich die konzentrierte Anspannung. Die Tür steht nun komplett offen, und jetzt sehen wir den Mann. Er hockt auf dem Bett, die Knie angezogen und Hände am Gesicht. Ein Messer scheint er nicht zu halten.

Ich atme durch. Der Mann ist beileibe kein Muskelprotz. Er ist eher klein und schmächtig, ungefähr 1,55 Meter groß, die Stirn schweißnass. Seine mageren Arme umschlingen die Beine, der Oberkörper wippt nervös vor und zurück.

Erik und ich werfen uns einen kurzen Blick zu und betreten gemeinsam den kleinen Raum. Es müffelt. Ich rieche Essensreste, Schimmel und Schweiß. Auf dem Bett liegt eine braune Wolldecke, deren Rand eingerissen ist. Widerstandslos lässt sich der Mann von Erik abtasten. Wir überprüfen, ob er weitere Waffen oder gefährliche Gegenstände, mit denen er uns verletzen könnte, am Körper trägt. An seinen nackten Unterarmen entdecke ich entzündete Einstichstellen, die auf Drogenkonsum schließen lassen.

»Kann ich mal Ihren Ausweis sehen?«, fragt Erik. Der Mann starrt ihn mit weit aufgerissenen Augen wortlos an. Ich frage mich, ob er kein Deutsch versteht oder ob er in seinem Zustand gar nicht mitbekommt, was wir ihn fragen. Dann zeigt er mit seinem zitternden Arm auf eine Kommode: »Guckt da.«

»Vielleicht hat er dort seine Papiere«, überlege ich laut.

Erik zieht die erste Schublade auf und lacht.

»Was denn?«, frage ich.

»Schau!«, sagt er. Die Schublade hat keinen Boden.

Erik zieht die nächste Schublade auf, die ebenfalls bodenlos ist, genau wie die übernächste und die letzte. Wir gucken uns beide verdattert an. Ein hohler Schubladenturm, der letztlich nichts als nutzloses Zeug ist. Während sich überall in der Küche ein Durcheinander aus Geschirr und leeren Verpackungen und irgendwelchem schmuddeligen Kram stapelt, ist die einzige Kommode leer.

Die vormals aufgeregte Situation ist mittlerweile traurig. Ich schaue mich in dem Raum um. Alles hier zeugt von Verwahrlosung. Die Familie lebt in einer viel zu kleinen Wohnung und der Mann auf dem Bett ist drogenabhängig, hat kein eigenes Zimmer, nur ein Bett neben dem Herd.

Im Flur befragen die Kollegen zwei der Brüder, die nun, da wir die Lage im Griff haben, keine Angst mehr zu haben scheinen. Einer der Brüder dient als Sprachmittler und hilft uns bei der Verständigung. Sie erzählen von der Heroinsucht ihres Bruders, wie er der Mutter mit dem Messer gedroht habe, weil er hundert Euro brauchte, Geld für die Drogen. Er sei zwar nicht aggressiv auf sie losgegangen, aber habe mit dem Messer vor ihr gestanden. Doch sie hatte nichts. Sie sei arm, die ganze Familie sei arm.

»Ich würde meine Mutter niemals verletzen, aber niemand unterstützt mich«, gibt der Tatverdächtige zu verstehen. Er habe mit dem Messer seiner Enttäuschung über das fehlende Verständnis seiner Mutter Ausdruck verleihen wollen. Er sei schließlich drogensüchtig und wünsche sich mehr Hilfe von seiner Familie.

Ein Sozialarbeiter, den ich mal bei einem Einsatz getroffen habe, hat mir von Heroinsüchtigen erzählt, die im Monat beachtliche Summen für den Stoff ausgeben. Sie stehen unter Dauerstress, das Geld dafür zu beschaffen. Manche schnorren, andere klauen, manche werden gewalttätig.

Die Mutter ruft etwas. »Ist nicht gut mit meine Sohn. Ganze Familie – immer wieder Probleme. Große Probleme.« Die Drogen, das sei wirklich schlimm. Es wäre vermutlich vernünftiger, wenn der Sohn nicht weiter bei ihnen leben würde, er müsste sich dann um eine neue Bleibe kümmern, aber das wäre besser, als wenn er irgendwann ein Mitglied seiner eigenen Familie verletzen würde.

Wir werden mit ihm zur Gefangenensammelstelle fahren, um ihn erkennungsdienstlich behandeln zu lassen. Ich erkläre dem Mann, der am besten Deutsch spricht, dass wir den Bruder mitnehmen werden. Er nickt und scheint auf gewisse Weise erleichtert darüber zu sein.

Auf dem Weg zum Funkwagen kommen wir wieder an den Kindern im Innenhof vorbei. Ich denke daran, wie eindringlich meine Mutter uns immer eingetrichtert hat, dass wir für die Schule lernen müssen. Schon in Aserbaidschan hat sie das getan, und in Berlin ebenso. Ich frage mich, ob es hier auch Erwachsene gibt, die Kinder zum Lernen motivieren, und muss an einen jungen Ladendieb denken, den sie neulich vormittags bei Kaufland erwischt hatten. Er war in Rumänien aufgewachsen, mit der Familie nach Deutschland gekommen, sprach gut Deutsch und war einschlägig wegen Ladendiebstählen polizeilich in Erscheinung getreten.

»Du könntest zur Schule gehen. Warum klaust du?«, habe ich ihn gefragt.

»Wozu soll ich lernen?«, hat er achselzuckend gefragt. »Meine Familie möchte gar nicht, dass ich zur Schule gehe. Sie wollen, dass ich für die Familie klaue.«

Ich versuche immer, den Menschen offen zu begegnen. Ich musste selbst gegen viele schreckliche Vorurteile kämpfen, dass ich finde, jeder sollte eine Chance bekommen. Bei meinen Einsätzen bin ich immer wieder damit konfrontiert, dass nicht alle Menschen mit denselben Voraussetzungen ins Leben starten.

Das Kleinkind mit den Kieselsteinen leckt sich die Rotze von der Oberlippe und beobachtet interessiert, wie Peter den schmächtigen Mann abführt. Ich lächle dem Kleinen freundlich zu. Das Kind wendet den Kopf ab und vertieft sich in ein neues Spiel mit den anderen Kindern. Vergnügt werfen sie sich einen verblichenen Gummiball zu und haben ihren Spaß. Ich frage mich, was aus ihnen wird, wenn sie älter werden. Werden sie zur Schule gehen und später einmal einen Beruf erlernen, oder werden auch sie zu Drogen greifen oder eine Karriere als Kleinkriminelle machen? Ich seufze unwillkürlich und stelle Peter, der genauso ratlos aussieht, wie ich mich fühle, eine Frage, die uns beide nachdenklich stimmt.

»Warum müssen diese Kinder so aufwachsen? Hier, mitten in Deutschland?«

16 TROTZDEM

Ich war fast zweiundzwanzig Jahre alt, als ich mein Abiturzeugnis bekam. Es war nicht direkt Freude, die ich verspürte, aber eine riesengroße Erleichterung. Meine gesamte Schullaufbahn in Deutschland war davon geprägt, dass mir Leute gesagt hatten, ich würde es nicht schaffen – es war ein einziges »Trotzdem« gewesen und mit unendlich viel Mühe und Fleiß hatte ich mir mein Abitur erkämpft. Jetzt konnte ich zum ersten Mal frei über meine Zeit verfügen – kein unermüdliches Lernen mehr. Ich wollte Geld verdienen und endlich meine Schwester in Florida besuchen. Ich suchte mir einen Job im Café und eine Handvoll Klavierschüler und arbeitete, so viel ich konnte. Bald hatte ich genug Geld zusammen, um mir ein Flugticket nach Florida zu leisten. Es war mein allererster Trip in die USA und die erste Reise, die ich ganz allein machen würde. Daneben war es die perfekte Gelegenheit, um wenigstens für eine gewisse Zeit Mauricio und der Entscheidung zu entfliehen, wie es mit meiner Beziehung weitergehen sollte.

Sevana hatte in Florida eine Ausbildung zur Friseurin angefangen. Unsere Mutter hatte ihr eingeschärft, unbedingt etwas zu lernen, um selbst Geld verdienen zu können. So herausfordernd Mama in einigen Dingen war – in dieser Angelegenheit war sie sehr hellsichtig. »Lana!«, rief Sevana und winkte, als ich am Flughafen von Miami aus der Gepäckabfertigung kam. »Hier sind wir!«

»Lana, wie schön, dass du uns besuchen kommst!«, begrüßte mich Arif. Er bemühte sich, herzlich zu klingen, aber ich empfand sein Lächeln genauso aufgesetzt wie bei unserem Kennenlernen vor Jahren.

In den ersten drei Tagen in Florida machte Arif mit uns wunderschöne Ausflüge. Die Highways waren von Palmen gesäumt und der Himmel strahlte. Am Strand war der Sand fein und weich und das Meer so türkisblau wie auf dem Tuch, das er einst Sevana geschenkt hatte. Mein Berliner Unglück rückte in weite Ferne. Hier war es warm und wundervoll. Ich fühlte mich im Paradies angekommen.

Während Sevana und mein Schwager wieder ihrer Arbeit nachgingen, hatte ich etwas Zeit für mich. Ich schlenderte durch das Haus, in dem Sevana nun lebte. Gegen Mauricios und meine winzige Berliner Wohnung kam es mir geradezu fürstlich vor. Das Gästezimmer, in dem ich schlief, hatte sogar ein eigenes Bad. Ich nahm mir ein Handtuch, öffnete die Terrassentür, ging in den Garten und machte es mir am Pool gemütlich. Ich freute mich für Sevana, dass sie nun so ein Leben führte. Doch noch am selben Abend verwandelte sich meine Freude in Mitleid.

Sevana war die Erste, die heimkam, und ich sah ihr an, dass sie vom Arbeitstag geschafft war. Die Kundinnen und Kunden mochten sie und oft war sie acht oder neun Stunden auf den Beinen, ohne wirklich eine Pause zu machen.

»Ich geh mich mal eben umziehen«, rief Sevana und lief die Treppe zu ihrem Schlafzimmer hoch.

In dem Moment kam Arif nach Hause.

»Sevana, ist das Essen fertig?«

»Ich komme sofort!«, antwortete sie, eilte die Treppe herunter und verschwand in der Küche.

Ich folgte ihr. Sevana holte einen Topf und eine Pfanne hervor, nahm Fleisch, Paprika und Zwiebeln aus dem Kühlschrank und begann zu kochen. Nach zehn Minuten stand Arif in der Tür.

»Bist du endlich so weit? Ich will essen!« Meine Schwester flitzte zum Küchenschrank, holte Teller und Gläser und deckte den Tisch. Ich half ihr dabei. Doch als wir gemeinsam am Tisch saßen, dauerte es keine vier Minuten und Arif feuerte das nächste Kommando ab.

»Sevana! Hol mir einen Löffel!«

Meine Schwester sprang auf und brachte ihm den gewünschten Löffel. Arif schaufelte wortlos in sich hinein, was sie gekocht hatte.

»Bring mir eine andere Gabel!«, verlangte er, und wieder stand Sevana auf und bediente ihn. Als er fertig war, forderte er einen Tee. Sevana legte ihr Besteck beiseite und kam nach wenigen Minuten mit dem Teetablett zurück. Ich beobachtete fassungslos, wie sie sich von ihrem Mann herumkommandieren ließ. Ihm war es offenbar egal, dass auch Sevana den ganzen Tag gearbeitet hatte. Für Arif schien es selbstverständlich zu sein, sich bedienen zu lassen, und ich fragte mich, ob er sich immer so verhielt.

Nach meiner ersten Woche in Florida wollten wir zu dritt ausgehen.

»Ich kenne eine ganz coole Bar hier in der Nähe«, schlug Sevana vor. »Lasst uns da nach dem Essen hingehen.«

Sevana kochte und wir aßen gemeinsam mit Arif. Dann räumten Sevana und ich die Küche auf und gingen hoch, um uns umzuziehen. Ich suchte mir ein sommerliches rotes Kleid aus, setzte mich auf die Terrasse und genoss den warmen Wind, der mir über die Unterarme strich. Hinter mir klackerten Sevanas Highheels.

»Guck mal, wie findest du das? Hab ich neu!«, strahlte sie und drehte Pirouetten. Sie trug einen schwarzen, kurzen Rock und hohe Schuhe, die ihre schönen Beine betonten. Arif wartete in der Zwischenzeit im Wohnzimmer auf uns und sah fern.

»Wir sind fertig!«, rief Sevana ihm zu. Ihr Mann erhob sich aus seinem Sessel und musterte sie missbilligend. »So gehst du nicht raus. Dieser Rock ist viel zu kurz.«

»Er geht doch fast bis zu den Knien«, verteidigte sich Sevana.

Auf Arifs Stirn trat eine Ader hervor.

»Hast du mich nicht verstanden?! Verkleide dich bloß nicht so billig wie Amerikanerinnen. Benimm dich wie eine verheiratete Frau! Ich will nicht, dass andere Männer dich anstarren!«

Sevana kniff die Lippen zusammen, nahm meine Hand und zog mich in ihr Schlafzimmer. Was für ein Fiesling, dachte ich, während Sevana mit feuchten Wimpern in ein schlichtes langes Kleid schlüpfte. Sie starrte sich im Spiegel an, als würde sie eine fremde Frau sehen. »Es ist alles noch viel schlimmer, Lana«, begann sie und ihre Stimme war so leise, dass ich sie kaum verstand. »Er kontrolliert mich Tag und Nacht. Er verbietet mir, mit meinen Freundinnen rauszugehen. Er meint, ich werde so wie sie. Ehrlos. Wir waren bloß was trinken, ein einziges Mal nach Feierabend – und er hat mich angeschrien: ›Heute geht ihr in ein Café und als Nächstes? Wollt ihr als Nächstes in einen Stripclub gehen? Wo soll das enden?!‹«

Dann kam der Tag meiner Abreise.

»Ich weiß nicht, wie das mit Arif weitergehen soll«, flüsterte Sevana. Sie konnte mittlerweile nicht zurück nach Deutschland ziehen, weil ihre Aufenthaltsgenehmigung erloschen war. Für sie gab es nur noch Florida – oder Aserbaidschan. Aber als geschiedene Frau in Baku wäre es noch schlimmer als hier mit Arif.

»Ich würde dir gern helfen«, sagte ich, dabei gab es nichts, was ich tun konnte.

»Du hast doch selbst Probleme«, murmelte Sevana und ich

dachte darüber nach, wie recht sie hatte. Ich brauchte selbst eine Rettung, und als ich aus Florida zurückkam, wendete sich tatsächlich etwas zum Guten.

Es begann damit, dass die vereisten Herzen meiner Eltern auftauten. Sie hatten erfreut zur Kenntnis genommen, dass ich mein Abitur geschafft hatte, und schienen beruhigt, dass ihre Tochter nicht vollkommen verloren war. Ich besuchte sie wieder häufiger, kaufte von meinem selbst verdienten Geld einen neuen Couchtisch, ein Regal und einen Teppich und richtete alles her, während sie bei der Arbeit waren. Als sie die neuen Möbel sahen, strahlten meine Eltern und ich war froh, dass sie meine Unterstützung annahmen.

In dieser Zeit dachte ich zum ersten Mal ernsthaft darüber nach, Polizistin zu werden. Ich hatte diesen Film gesehen, er hieß *Angel Eyes* und war zwar etwas kitschig, aber die Hauptfigur beeindruckte mich. Eine junge Polizistin in den USA, gespielt von Jennifer Lopez. Sie ist tough und sprintet durch die Straßen, springt über Autos und bringt Verbrecher hinter Gitter. Sie hat alles im Griff. Auch ich wollte einen Beruf ausüben, in dem ich in Aktion sein würde. Ich wollte auf die Straße und mit Menschen zu tun haben. Warum ich ausgerechnet Mauricio fragte, was er davon hielt, weiß ich nicht.

»Du willst zur Polizei? Du bist eine *Frau!*« Er sah mich an, als wäre ich nicht ganz bei Verstand. »Und sag mir mal eins: Glaubst du etwa, dass sie Ausländer wie dich nehmen, Lana? Träum weiter!«

Ich bekam das, was er gesagt hatte, einfach nicht mehr aus dem Kopf. Was, wenn er recht hatte? Wenn ich, eine Frau aus Aserbaidschan, gar keine Chance hatte? Aber was, wenn doch? Ich entdeckte ein Interview mit einer türkischstämmigen Polizistin. Neben dem Text prangte ein Foto von ihr, sie trug eine Uniform, hatte die

Haare blondiert und schien mich aus ihren braunen Augen entschlossen anzusehen. Ihre Eltern seien vor vielen Jahren aus der Türkei nach Deutschland gekommen und sie habe sich schon als Mädchen gewünscht, Polizistin zu werden. Doch man müsse sich klar sein, worauf man sich einlasse. Während ihre Freundinnen und Freunde am Wochenende feiern gingen, würde sie früh ins Bett gehen, weil am nächsten Morgen um sechs ihre Schicht beginne. Man müsse sehr diszipliniert sein, las ich, und man dürfe die Arbeit nicht unterschätzen.

Wow, das klingt wirklich nach einer Herausforderung. Wie ist sie bloß so weit gekommen? Sie war wie ich eine Migrantin, gleichzeitig strahlte sie eine Souveränität aus, von der ich mich weit entfernt fühlte. Ich sah ihr Foto und war überzeugt, dass diese Frau eine Sportskanone war, die den Aufnahmetest mit Leichtigkeit bestanden hatte.

Während ich über die Polizeiausbildung nachdachte, entfernten Mauricio und ich uns immer weiter voneinander. Eines Nachts, nachdem er erneut grußlos die Wohnung verlassen hatte, kam er nicht nach Hause. Erst am nächsten Tag tauchte er auf. Ich fragte nicht, wo er gewesen war. Ich spürte in aller Deutlichkeit, dass es für mein Leben keine Bedeutung mehr hatte, was er tat, bei wem er schlief oder mit wem er sich traf. Ich rief meine Mutter an.

»Mama, was würdest du davon halten, wenn ich wieder zu euch ziehe?«, fragte ich.

»Was ich davon halten würde? Lana, was für eine Frage!«, antwortete meine Mutter und ihre Worte tanzten vor Freude. »Komm nach Hause, mein Kind. Jederzeit.«

Vier Jahre, nachdem ich meine Eltern heimlich verlassen hatte, kehrte ich Mauricio, von dem ich mir die große Freiheit versprochen hatte, den Rücken. Der Mann, der in den Augen meiner

Eltern niemals eine Chance gehabt hatte, sollte nun auch für mich Geschichte werden.

»Vielleicht bewerbe ich mich für eine Polizeiausbildung«, sagte ich, als meine Eltern und ich beim Abendessen saßen. Mein Vater nickte und machte ein ehrfürchtiges Gesicht.

»Die deutsche Polizei ist gut, Lana«, sagte er.

»Aber ich muss eine Aufnahmeprüfung machen, Papa. Mit Sport und so. Ich weiß nicht, ob ich das schaffe.«

»Versuch es, Lana«, sagte mein Vater. Es klang, als würde er mir alles zutrauen, aber meine Zweifel blieben. Ich brauchte einen Plan B. Ich hatte ein Talent für Sprachen. Also schrieb ich mich für ein Lehramtsstudium ein, Russisch und Französisch, doch die Sache mit der Polizei ließ mich nicht los. Als ich an einem Sonntag im Sommer mit Freundinnen am Schlachtensee lag, weihte ich auch sie in meinen Wunsch ein. Xenia, die ich noch aus der Schule kannte, sah mich mit aufgerissenen Augen an.

»Du? Eine Polizistin?« Sie brach in herzhaftes Lachen aus. »Lana, du bist doch total unsportlich!«

Die anderen beiden stimmten in ihr Lachen mit ein. Sie meinten es nicht böse, aber ihre Reaktion stimmte mich traurig. Kurz darauf setzte der Trotz ein und damit der Impuls, den ich brauchte. Ich war vielleicht nicht gut in Form, aber ich war nicht unsportlich! In Aserbaidschan hatten die Lehrerinnen und Lehrer versucht, meine Mutter zu überreden, mich Kampfsport trainieren zu lassen, weil ich mich mit Vergnügen mit den Jungs in der Schule anlegte. Meine Mutter hatte entgeistert abgelehnt. Kein Mann will eine Frau, die sich schlägt! Lana wird Klavierlehrerin!

Ich wollte es allen und mir beweisen. Was konnte schon passieren? Das Schlimmste wäre eine Ablehnung. Ich beschloss, eine Veranstaltung beim Berufsinformationszentrum zu besuchen. »Karriere bei der Polizei«, warb ein großes Plakat. Vorn im Saal standen zwei uniformierte Polizisten und zwei Polizistinnen. Ich setzte mich in die hinterste Reihe.

Eine Präsentation wurde auf eine Leinwand projiziert und gab einen Überblick über die Sportprüfungen, und meine ganze schöne Zuversicht schwand dahin. Die Prüfung sah nicht nur Laufen vor – es war schlimmer. Man musste es schaffen, zweihundert Meter am Stück zu schwimmen. Ich schluckte. Schwimmen hatte ich nie gelernt. Es war in Aserbaidschan nicht üblich, dass Kindern Schwimmen beigebracht wurde. Wir hatten viele Sommer lang im Kaspischen Meer geplanscht, aber die Wellen dienten uns nur zur Abkühlung. Im Tiefen wäre ich verloren gewesen.

Als wir vor sieben Jahren in Berlin angekommen waren, hatte niemand von uns an Schwimmunterricht gedacht. Unsere Mitschülerinnen und Mitschüler hatten das längst in der deutschen Grundschule gelernt, aber die hatten wir verpasst. Schwimmen war selbstverständlich für die anderen Kinder und mir war es peinlich, dass ich es nicht konnte. Wenn ich mit Freundinnen an den See gefahren war, hatte ich mich immer nahe am Ufer aufgehalten und Ausreden dafür gefunden, warum ich nicht ins Tiefe wollte.

Ich sah mich im Seminarraum um. Vor mir, hinter mir, neben mir: lauter junge Menschen, die vor meinem geistigen Auge in Badekluft eine fantastische Figur machten und atemberaubend schnell ihre Bahnen kraulten. Neben mir saß ein Mann, der besonders durchtrainiert aussah. Wie ein Rettungsschwimmer. Und dazwischen ich, die nicht einmal das Seepferdchen hatte.

Als ich nach einer Dreiviertelstunde das BIZ verließ, hatte es zu nieseln begonnen. Himmel, Häuser und Straße zeigten sich in hoffnungslosen Abstufungen von Grau. Grübelnd starrte ich auf das nasse Straßenpflaster. Schwimmenlernen war eine echte Herausforderung, und wenn ich das nicht hinbekam oder an der ärztlichen Untersuchung scheiterte und keine Chance bei der Polizei hätte, würde ich etwas ganz anderes machen. Ich könnte zu Sevana nach Florida übersiedeln. Meine Eltern würde ich mitnehmen und wir wären endlich wieder alle vereint, das wäre der wichtigste Grund. Außerdem war Florida türkisblau, paradiesisch und freundlich. Ich stieg in die U-Bahn und als sich die Türen schlossen, hatte ich den Plan gefasst: entweder Polizei, mein dringlichster Wunsch – oder Florida.

Ich startete ein Trainingsprogramm aus Laufen und Krafttraining. Und ich schmiedete einen Plan für das Schwimmenlernen. Als Erstes musste ich meine Angst vor dem tiefen Wasser überwinden. Dann würde ich üben, mich über Wasser zu halten.

Das Stadtbad Neukölln befand sich in einem prächtigen Altbaugebäude. Zwischen majestätischen Steinsäulen schimmerte türkis das Wasser im großen Schwimmerbecken. Ich stellte mich neben eine Säule und sah mir genau an, wie die Menschen ihre Bahnen zogen. Eine ältere Frau, die eine korallenrote Badekappe mit puscheligen Gummiblumen trug, schwamm so langsam, dass ich ihre Bewegungen gut studieren konnte. Ich beobachtete, wie sie ihre Arme nach vorn streckte und dann die Hände auseinanderdrückte, als würde sie das Wasser zur Seite schieben. Dann verschwanden ihre Arme für kurze Zeit unter ihrem Oberkörper, ihr Kinn versank etwas tiefer im Wasser, bis die Hände wieder vor ihr auftauchten. Es war faszinierend, dass sie trotz ihres Zeitlupentempos nicht unterging. Ihr Anblick ermutigte mich, es selbst zu versuchen.

Ich umklammerte fest die Stahlholme der Leiter und kletterte Stufe für Stufe hinab, bis mir das Wasser bis zur Brust reichte. Obwohl mir ganz flau in der Magengegend wurde, öffnete ich die Hand und stieß mich mit dem Fuß ein Stück von der Leiter weg.

Es zog mich in die Tiefe, als hätte jemand einen Betonklotz an meine Beine gebunden. Auf einmal war mein kompletter Kopf unter Wasser und vor lauter Panik bekam ich keine koordinierten Bewegungen hin. Kaltes Chlorwasser drang in Mund und Nase. Meine Hand streifte etwas Glattes und ich schaffte es irgendwie, an den Beckenrand zu gelangen. Keuchend und hustend hing ich an den Fliesen.

»Wenn Sie nicht schwimmen können, gehen Sie lieber rüber ins Nichtschwimmerbecken«, sagte der Bademeister, dessen besorgtes Gesicht direkt über mir auftauchte, und ich nickte, aber blieb, wo ich war. Als sich mein Atem beruhigt hatte, versuchte ich eine neue Strategie. Ich hielt mich mit einer Hand am Beckenrand fest und bewegte den anderen Arm, bis ich das Gefühl hatte, dass mich das Wasser tragen würde. Dann ließ ich kurz los und versuchte, mit beiden Armen gleichzeitig Schwimmbewegungen zu machen. Dabei zitterte ich so stark, dass ich nicht mehr als drei Züge am Stück schaffte.

Ein paar Wochen versuchte ich auf diese Weise, Schwimmen zu lernen, und nach einiger Zeit gelang es mir, eine ganze Bahn zu schwimmen. Aber ich wusste, dass ich schneller und länger schwimmen musste, um die Polizeivorgaben zu erfüllen. Noch bewegte ich mich wie eine Bleiente zwischen Schwänen. Ich brauchte einen Lehrer.

Im Internet fand ich überraschend viele Schwimmkurse für Erwachsene. Ich hatte nicht viel Geld zur Verfügung, deswegen wählte ich einen Kurs, der am anderen Ende von Berlin stattfand und der dafür am wenigsten kostete. Am großen Becken warteten ein paar fröstelnde Menschen in Badekleidung und zwei Schwimmlehrerinnen, die weiße T-Shirts und Sporthosen trugen.

»Bitte alle eine Bahn schwimmen«, rief die Schwimmlehrerin fröhlich. »Dann sehen wir weiter.«

Ich stieg die Metallleiter hinab, stieß mich ein kleines Stück vom Rand ab und schwamm entlang des Beckenrandes.

»Eigentlich machst du nur einen Fehler«, sagte die Lehrerin, als ich schließlich am Ende der Bahn angekommen war. »Du schwimmst die ganze Zeit mit gestreckten Füßen. So kommst du nicht voran. Du musst die Füße bewegen, um das Wasser wegzuschieben.«

»Die Füße?!« Ich war verblüfft. Ich hatte nie auf die Fußstellung der Schwimmerinnen und Schwimmer geachtet, die unter dem reflektierenden Wasser nur zuckende helle Punkte waren.

Ich probierte es aus. Zuerst fiel es mir schwer, die Bewegungen meiner Füße mit der meiner Hände zu synchronisieren, und ich paddelte unbeholfen herum. Dann gelang mir mein erster perfekter Zug und ich glitt fast mühelos durchs Wasser. Wow, ich komme voran! Ich bin viel schneller! Ich kann wirklich schwimmen!

Sechs Wochen nach der ersten Unterrichtsstunde schaffte ich es, die Strecke in der erforderlichen Zeit für den Schwimmfähigkeitsnachweis im Wasser hinter mich zu bringen. Mein Wille hatte sich ausgezahlt.

Die Bewerbung bei der Polizei erfolgt online. Ich saß im Wohnzimmer meiner Eltern, als ich die nötigen Daten eintrug. Ich kreuzte an, dass ich mich sowohl für die Laufbahn des mittleren als auch gehobenen Dienstes der Schutzpolizei bewarb. Ich wollte unbedingt Polizistin werden und war auch bereit, eine Ausbildung für den mittleren Dienst zu machen. Ich wusste zwar, dass das Studium für den gehobenen Dienst anspruchsvoll sein würde, aber ich hatte so viel Energie in mein Abitur gesteckt – ich musste es einfach probieren. Tatsächlich wurde ich nach dem erfolgreichen Absolvieren des Onlinetests zum PC-gestützten Test in die Keibelstraße eingeladen. An einem Dienstagmorgen machte ich mich auf den Weg dorthin. Als ich durch die Glastüren die Eingangshalle betrat, entdeckte ich sofort die Traube junger Leute, die nervös darauf warteten, Zutritt zum Testraum zu erhalten.

Alle Bewerberinnen und Bewerber hatten Sporttaschen dabei. Wer den Eignungstest am PC schaffte, würde am Mittag rausfahren nach Spandau, um dort in der Polizeiakademie die Sportprüfung zu absolvieren.

Inklusive einer kleinen Pause bearbeitete ich drei Stunden lang Aufgaben. Der Test umfasste Fragen zu der Persönlichkeitsstruktur, dem logischen Denken, dem Allgemeinwissen und Deutschgrammatikkenntnissen. Bei dem Fremdsprachenteil entschied ich mich für Türkisch. Anschließend fuhr ich mit anderen Auserwählten zur Sportprüfung, kämpfte mich durch einen Parcours und lief eine vorzeigbare Zeit. Ich bestand den Sporttest.

Ich besuchte weiterhin brav die Uni, wo ich inzwischen zu Portugiesisch gewechselt war, um etwas Neues zu lernen. Das Lehramt hatte ich aufgegeben. Es war ja sowieso alles nur Plan B. Ich saß zwar im Seminar, aber meine Gedanken waren bei der Polizei.

Dann kam der Tag der polizeiärztlichen Untersuchung. Ich gehe nicht gern zum Arzt. Ich tue das nur, wenn es unvermeidbar ist. Nun musste ich zum ärztlichen Dienst der Polizei und ich wusste, dort würden sie mich auf Herz und Nieren prüfen. Was, wenn sie eine tödliche Krankheit fänden? Das wäre das Aus. Dann wäre es vorbei mit meinem Traum, Polizistin zu werden.

Ich musste eine Blut- und Urinprobe abgeben. Sie würden untersuchen, ob ich Drogen genommen hätte. Im nächsten Raum ließ eine Ärztin ein Hämmerchen auf meine Knie sausen, um die Reflexe zu testen. Es war ein außerordentlich gründlicher Checkup, sie sahen sich alles an, Knochen, Muskeln, sogar mein Gebiss. Ich hoffte inständig, dass alles in Ordnung war. Ein junger Arzt testete ausführlich, ob ich gut hören konnte. Er schien zufrieden und verabschiedete mich. Ich wartete auf den Sehtest, als ich aufgerufen wurde. Das Interview! Ich wusste, dass es an diesem Tag passieren würde. Ein Mitbewerber hatte versucht, mich zu beruhigen und mir erzählt, es wäre unmöglich, beim Interview durchzufallen. Da müsse man sich schon sehr blöd anstellen. Ich war dennoch froh, dass in diesem Moment niemand meinen Blutdruck prüfte, denn immer noch machte ich mir vor mündlichen Prüfungen wahnsinnige Sorgen, ob ich die richtigen Worte finden würde.

Ich öffnete die Tür des Raumes, der mir genannt worden war. Dahinter verbarg sich ein überraschend kleines Büro. In der Mitte stand ein grauer Tisch, an dem ein Polizist und eine Polizistin auf mich warteten.

»Bitte, nehmen Sie Platz«, sagte die Polizistin, kritzelte eine Notiz auf ein Blatt, das sie vor sich liegen hatte, und zeigte auf den einzigen freien Stuhl. Ich wäre am liebsten umgekehrt, aber ich setzte mich. Ich musste jetzt da durch, ich würde mein Bestes geben. Im Nachhinein hatte ich das Gefühl, dass es gut gelaufen war, auch wenn ich für die eine oder andere Frage etwas länger überlegen musste.

Von da an hoffte ich fieberhaft, dass ich unter den 90 Bewerberinnen und Bewerbern sein würde, die als Polizeikommissaranwärterinnen und -anwärter in den Vorbereitungsdienst eingestellt und zum Studium an der Hochschule für Wirtschaft und Recht zugelassen werden würden. Ich war so weit gekommen, hatte sogar Schwimmen gelernt. Aber ein kleiner Teufel, der Zweifel hieß, meldete sich immer wieder zu Wort. Würde es reichen? Ich machte mir große Sorgen, da ich gehört hatte, dass aufgrund der Ergebnisse ihrer ärztlichen Untersuchung bei vielen Bewerberinnen und Bewerbern die Polizeidiensttauglichkeit ausgeschlossen wird.

Und dann stand es fest. Ich fand mich mit der mir zugeteilten Kennziffer auf der Rangliste unter den Top 90. Ich erhielt eine Zusage. Ich hatte es geschafft! Ich konnte mein Glück kaum fassen, gleichzeitig machte ich mir Gedanken, ob ich dem Studium gewachsen sein würde, ob ich an der Hochschule ebenfalls schikaniert werden würde. Doch die Hoffnung überwiegte.

Die Zusage bedeutete daneben, dass ich als Polizeikommissaranwärterin, also bereits als Studentin, ein monatliches Gehalt beziehen würde. Das war genug, um mich vollkommen auf das Studium konzentrieren zu können. Ich war froh und dankbar, dass ich keinem weiteren Job nachgehen müsste, um mich finanziell über Wasser zu halten.

Dem Portugiesisch-Studium sagte ich noch in derselben Woche Adieu, und wenige Wochen später begann mein neues Leben.

17 »ICH BIN GHETTO«

Der Junge ist schnell. Er sprintet über den Bürgersteig. Seine Beine sind dünn und lang, genau wie seine Arme, die propellerähnlich um seinen Oberkörper wirbeln. Er schlägt Haken um die Fußgängerinnen und Fußgänger, die reflexartig zur Seite springen.

Ich verfolge ihn mit den Augen, während Tom den Wagen lenkt. Wir sind dicht an ihm dran. Der Junge wendet den Kopf. Er hat gesehen, dass wir ihn verfolgen. Ein paar Straßen weiter hat er einen E-Scooter umgeworfen und ihn dabei beschädigt. Eine Passantin hat sofort die Polizei gerufen. Als wir mit dem Wagen in Sichtweite kamen, ist er losgerannt. Die Anruferin hat auf ihn gezeigt und laut gerufen, dass er es gewesen sei, der den Roller mutwillig umgeworfen habe, woraufhin wir die Verfolgung mit dem Auto aufgenommen haben.

Der Junge hat noch gut zwanzig Meter Vorsprung. Gleich haben wir ihn. Doch dann stoppt er und macht auf dem Absatz kehrt.

»Er rennt in die andere Richtung!«, rufe ich Tom zu. Mein Kollege reißt den Wagen herum, während der Junge davonprescht. In der Zeit unseres Wendemanövers hat er sicher fünfzig Meter Vorsprung gutgemacht. Ich vermute, dass ihn das Adrenalin noch schneller laufen lässt. Unser Funkwagen kommt zwar auf der Straße gut voran, aber der hakenschlagende Teenager versucht uns auf dem Bürgersteig auszutricksen. Der Jugendliche denkt wahrscheinlich, dass er ewig so weiterrennen kann.

»Tom, lass mich aussteigen!«, rufe ich, er bremst scharf, ich steige aus und werfe die Tür hinter mir zu. Tom gibt Gas und fährt weiter. Der Junge hat nichts von unserem Manöver mitbekommen. Er ist etwa hundert Meter weiter vorn und rennt, als ginge es um sein Leben. In dem Moment, als Tom mit dem Funkwagen neben ihm auftaucht, wechselt er die Richtung. Wieder gelingt es ihm, das Auto abzuhängen. Ich behalte ihn im Blick, er rennt jetzt direkt auf mich zu, aber weil ich mich hinter Passanten verberge und er hektisch immer wieder zum Funkwagen schaut, fällt es ihm nicht auf.

Tom kommt näher. Der Junge kommt näher. Dann passiert alles gleichzeitig. Er will wenden, um Tom auszutricksen, ich sprinte los, er sieht mich und wir schauen uns kurz in die Augen, wenige Meter sind zwischen uns. Ich sehe die Überraschung in seinem Blick und in der nächsten Sekunde sagen seine Augen: Mich kriegst du nicht. Zwei schnelle Schritte, ich hole ihn ein, und dann habe ich ihn und packe ihn am Arm, er ist schmächtig, aber größer als ich. Ich setze meine Kraft ein, gebe ihm einen Schubser und er sitzt auf einer Bank, so, wie ich ihn haben will. Drei junge Männer bleiben stehen.

»Ey, krass, die ist stärker als du!«, sagt einer und ich weiß nicht, ob er es anerkennend mir gegenüber meint oder mit dem Jungen mitfühlt. Doch das ist unwesentlich. Ein zweiter Funkwagen trifft am Einsatzort ein. Mittlerweile haben sich einige Schaulustige versammelt. In solchen Situationen ist es gut zu wissen, dass weitere Kolleginnen und Kollegen zu Unterstützung da sind.

Einmal waren Fabian und ich im Funkwagen unterwegs und standen an der Ampel, als ein Fußgänger auf uns zugerannt kam, der aufgeregt nach links zeigte. Dort gebe es eine Schlägerei. Wir machten uns sofort auf den Weg. Ein Mann ist weggerannt und der andere stand schwankend und blutend auf einer Verkehrsinsel inmitten der fahrenden Autos. Ich habe über Funk Unterstützung gerufen, bin zu dem Blutenden geeilt und Fabian ist dem Flüchtenden hinterher. Der Mann konnte sich kaum auf den Beinen halten. Ich ging auf ihn zu, da ich sehen konnte, dass er verletzt war, bis ein vorbeifahrender Autofahrer mir zurief: »Achtung, der hat ein Messer!«

Der Blutende hatte eine Riesenklinge hinter dem Rücken versteckt. Ich habe ihm das Messer sofort abgenommen. Aufgrund seiner Verletzung war der Mann sehr geschwächt. Ich rief einen Rettungswagen, außerdem rückte die Verstärkung schnell an. Alle möglichen Kräfte, die in der Nähe unterwegs waren, kamen innerhalb von Minuten herbei. Die angerückten Kolleginnen und Kollegen halfen Fabian dabei, den Flüchtenden festzunehmen und die Sanitäterinnen und Sanitäter waren ebenfalls schnell vor Ort und haben sich um den blutigen Mann gekümmert, der zu keiner Bewegung mehr fähig war.

Der Roller-Umschubser diskutiert hingegen lautstark mit uns.

»Ja, und? Ich habe den Roller umgeschubst«, schreit er und zappelt. »Was wollt ihr von mir?«

Während mein Kollege ihn belehrt, sehe ich aus dem Augenwinkel, wie die Kolleginnen und Kollegen, die zur Verstärkung gekommen sind, aus dem Funkwagen aussteigen. Um uns herum steigt die Zahl der zuschauenden Kinder und Jugendlichen.

»Ich bin Gangster, ihr seid nix in meinen Augen«, zischt der Junge.

»So, dann komm erst mal mit in den Funkwagen«, sagt Tom ganz ruhig, legt ihm die Handfesseln an und fragt nach seinem Namen, Alter und der Adresse. Der Junge spuckt verächtlich die gewünschten Informationen aus und versucht, so gut es eben geht, eine breitbeinige Machopose, die ihm nicht wirklich glückt. Er ist erst dreizehn und starrt uns mit einem Ausdruck in seinen Kinderaugen an, den er offenbar für einen angsteinflößenden Killerblick hält. Mein Kollege lässt ihn in den Wagen steigen.

»Wir sind Ghetto, aufgewachsen im Milieu, Habibi!«, ruft der Junge den Kindern und Jugendlichen entgegen und dann hört man nichts mehr von ihm, weil Tom mit entschlossenem Druck die Tür des Wagens schließt.

Ich steige in den Wagen und setze mich neben den Jungen.

»Ihr könnt mir gar nichts, ich bin noch nicht vierzehn.« Er versucht unverwundbar auszusehen, aber ich sehe das unsichere Flackern in seinen Augen.

»Was denkst du, was wir dir antun wollen?«, frage ich.

»Vielleicht geh ich heute in Haft, yeah, wir sind Ghetto«, rappt er. »Mit fünfzehn war ich schon im Täterprofil. Die Bullen können uns gar nichts.«

»Ich glaube, du hörst zu viel Rap«, stellt mein Kollege fest.

Der Junge knirscht mit den Zähnen. Mein Kollege schaut mich im Rückspiegel an und zieht die Augenbrauen hoch. »Ist ein Song von Samra. Kenne ich«, erklärt Tom.

»Glaubst du echt, dass alle Rapper Gangster sind?«, frage ich den Jungen.

»Wir sind Straße und kämpfen gegen die Bullen«, sagt der Junge und ignoriert meine Frage.

»Was hast du denn gegen die Polizei?«, frage ich.

»Bullen sind scheiße«, sagt der Junge. Ich habe das Gefühl, dass er selbst nicht weiß, was er genau gegen die Polizei hat. Solche Jugendlichen wie ihn haben wir hier viele, ein Großteil ihres Lebens spielt sich auf der Straße ab. Die Eltern schicken sie raus. Manche, weil die Wohnung klein ist, aber andere haben sogar richtig viel Platz, dafür weder Zeit noch Muße, sich mit ihrem Nachwuchs zu beschäftigen. Die Kids hängen auf der Straße mit ihren Kumpels rum und suchen irgendetwas, womit sie den anderen beweisen können, wie cool sie sind. Einmal von der Polizei mitgenommen werden! Ein Highlight, mit dem man die anderen aus dem Kiez beeindrucken kann. Sie wollen sich gangstermäßig fühlen, dann schmeißen sie mal einen Roller um oder schlagen eine Scheibe ein. Aber eigentlich sind sie noch Kinder, die ihre Grenzen austesten. Nicht immer bleibt es bei Einzeltaten. Manche dieser Jugendlichen werden wiederholt straffällig und letztlich zu Intensivtätern.

»Dann fahren wir dich mal heim und sprechen mit deinen Eltern«, kündigt Tom an.

»Was? Nein! Ich dachte, ihr lasst mich laufen! Ihr könnt mich nicht nach Hause bringen. Meine Eltern werden richtig sauer auf mich sein«, sagt der Junge und sieht auf einmal ein bisschen verzweifelt aus.

»Hast du etwa Angst vor deinen Eltern?«, frage ich.

Er zuckt mit den Schultern.

»Was hast du dir eigentlich dabei gedacht? Das bringt doch nichts, wenn man einen Roller kaputt macht«, frage ich ihn.

Er schweigt.

Als wir auf den beigen Knopf neben dem Klingelschild mit seinem Nachnamen drücken, steht er mit gesenktem Kopf neben mir und gibt keinen Ton von sich. Ein Mann öffnet, der Vater vermutlich. Ich frage, ob der Junge sein Sohn sei; ein misstrauischer Blick, dann zögerlich die Antwort.

»Ja, wieso?« Ich antworte noch nicht, sondern lasse mir seinen Ausweis zeigen. Ich muss sicherstellen, dass wir den Jungen einem Erziehungsberechtigten übergeben.

»Ihr Sohn hat einen E-Scooter umgeworfen und beschädigt. Wir werden eine Anzeige schreiben«, informiere ich den Vater, der, kaum, dass ich meinen Satz beendet habe, tief Luft holt und seinen Sohn mit einem zornigen Wortschwall überschüttet. Ich verstehe kein Arabisch, aber es klingt wütend. Der Sohn schrumpft um einige Zentimeter und gibt ein kleinlautes Gemurmel von sich.

»Hoffentlich kommt das nicht nochmal vor«, sagt mein Kollege und die Ermahnung ist sowohl an den Vater wie auch an den Sohn gerichtet.

»Sprechen Sie in Ruhe mit Ihrem Sohn«, empfehle ich. Der Vater nickt und schließt die Tür. Kaum ist sie ins Schloss gefallen, beginnt dahinter eine strenge Ansprache. Tom und ich steigen die Treppen hinunter und noch im ersten Stock hören wir das verbale Donnerwetter, das hinter der Wohnungstür ausgebrochen ist, in unseren Ohren.

18 DIE NEUE

Ich saß in meiner ersten Vorlesung an der Hochschule für Wirtschaft und Recht Berlin. Es ging um Grund- und Menschenrechte. Der Dozent hatte einen Text verteilen lassen. Ich vertiefte mich in die Lektüre und das leise Geräusch konzentrierten Atmens erfüllte den Raum.

Ich las. Zeile für Zeile. Doch die Sätze, die auf dem Blatt vor mir standen, erstreckten sich über eine halbe Seite und wollten sich mir einfach nicht erschließen. Der Text wimmelte von juristischen Fachwörtern. Ich strengte mich an, um kein Wort zu verpassen, und fragte mich, wie ich es schaffen sollte, mit den anderen Schritt zu halten.

In der Pause bildeten sich kleine Grüppchen. Einige machten den Eindruck, als würden sie sich schon länger kennen. Andere schienen aufgrund ihrer Ähnlichkeit zueinander zu finden, es war, als würden sie sich anhand von bestimmten Merkmalen gegenseitig anziehen. Auch ein paar Frauen, die mit mir in der Klasse waren, hatten zusammengefunden. Ich hörte, wie sie über Mode und Schuhe sprachen. Eine holte ihr Smartphone aus der Hosentasche und zeigte den anderen Webseiten mit Online-Sales. Ich stand verloren daneben. Der Stoff überforderte mich und ich fühlte mich sehr bald als Außenseiterin. Wurde das hier wieder so werden wie in der Schule? Wäre das Beste, was ich zu erwarten hatte, dass mich die anderen tolerierten?

Und ausgerechnet ich war in der Klasse mit dem höchsten Frauenanteil gelandet. Während in den anderen Klassen lediglich zwei oder drei Frauen waren, waren es bei mir beinahe die Hälfte. Ich hatte nichts gegen Frauen. Ich war ja selbst eine. Ich fühlte mich jedoch, seit ich in Deutschland lebte, mitunter fremd unter ihnen. Manchmal gaben mir weibliche Wesen das Gefühl, eine Art Mängelexemplar zu sein, und ich hatte in meiner Schulzeit nur wenige gute Freundinnen gefunden, in deren Gesellschaft ich mich auf eine selbstverständliche Art und Weise wohlfühlte. Ich fragte mich, ob ich irgendwann Teil einer Gruppe sein würde, in der ich ohne Unsicherheitsgefühl einfach dazugehören würde.

Ich denke, den anderen war gar nicht bewusst, wie viel mich von ihnen trennte. Die meisten hatten gut verdienende Eltern, die sie vor gewissen Sorgen bewahrten. Einige würden am Wochenende Ausflüge machen, andere teuren Hobbys nachgehen, während ich über meinen Texten hocken würde. Ich wusste nicht, was die anderen wirklich über mich dachten, aber ich fand sie abgehoben. Dennoch war mir bewusst, dass es nicht nur an den anderen liegen konnte. Ich vermittelte ihnen bestimmt den Eindruck, dass ich nicht zu ihnen gehörte, warum, kann ich nicht sagen. Aber es hatte sich so eingeschlichen und ich brachte mich damit selbst in eine Außenseiterinnenrolle, aus der ich drei Jahre nicht herauskam. Dafür gab ich mir teils selbst die Schuld. Es war allerdings zunächst leichter, mich von meinen Kommilitoninnen und Kommilitonen abzugrenzen, als vergeblich auf Freundschaften zu hoffen. Also blieb ich allein in meiner Ecke stehen.

In der zweiten oder dritten Woche sprach mich in der Pause ein junger Mann an. Cem war türkischstämmig und einer von denen, die im Unterricht gut mitkamen, er wirkte klug und war sehr fleißig. Wir unterhielten uns und ich spürte, dass er auf gewisse Weise Mitleid mit mir hatte.

Wir sollten eine Hausarbeit verfassen, ausgerechnet in Grund- und Menschenrechten, und ich war verzweifelt, weil ich nicht wusste, was der Dozent von uns erwartete. Ich gestand Cem, dass ich große Schwierigkeiten mit dieser Aufgabe hatte und dass ich fürchtete, das Studium nicht zu schaffen.

»So ein Quatsch«, meinte er, »du schaffst das, ich werde dir helfen.« Und er hielt Wort. Er erklärte mir den Aufbau und beantwortete geduldig meine Fragen. Ich war froh, dass Cem mir mit Rat und Tat zur Seite stand. Ich schrieb die Hausarbeit und war mit der Note zufrieden.

Nach einem ersten Schnupperpraktikum auf einem Polizeiabschnitt absolvierte ich mein zweites kurzweiliges Praktikum in Marzahn bei der Kriminalpolizei. Dort ging es darum, einen Einblick in die kriminalpolizeiliche Sofortbearbeitung einer örtlichen Direktion zu erhalten. Meine spätere Arbeit bei der Schutzpolizei sollte davon profitieren, dass ich ebenfalls die Tätigkeiten der Kriminalpolizei kennenlernte, mit der wir im Polizeialltag eng zusammenarbeiten würden.

Ich schloss mein zweites Jahr ab, wir hatten diverse Einsatztrainings und erbrachten unsere Schießleistungsnachweise. Das Studium war jedoch theorielastig, auch wenn es immer wieder praktische Trainingseinheiten gab. Ich übte, wie ich mich in brenzligen Situationen deeskalierend verhalten konnte. Manchmal spielten die Ausbildenden um Hilfe rufende Frauen oder aggressive Betrunkene und wir Studierenden die Beamtinnen und Beamten im Einsatz. Teilweise wurden wir dabei gefilmt. In der Videoanalyse zeigten uns die Ausbildenden mit einer Mischung aus Gnadenlosigkeit und Humor, welche Fehler wir gemacht hatten.

»Jetzt seid ihr alle tot«, kommentierten sie grinsend, wenn eine Situation komplett aus dem Ruder lief oder wir vergessen hatten, unsere Waffen zu entsichern. Ich mochte den morbiden Humor.

Bereits zu Beginn des Studiums bekamen wir die einheitliche Dienstbekleidung. Jede Polizeianwärterin und jeder Polizeianwärter erhält eine. Es gibt eine Kleiderkammer, zu der es im ersten Semester zur Anprobe ging. Ich stellte mir genau die Teile zusammen, die gut passten; die Uniformen für Frauen sind ein wenig anders geschnitten als die für Männer, aber im Grunde ist alles einheitlich. Ich mochte das helle und das dunkle Blau, mir gefielen sogar die schweren Einsatzstiefel. Insgesamt fand ich es großartig, dass ich mir keine Gedanken mehr machen musste, was ich anzog. Durch die Kleidung waren alle gleich, kein Stress um Markenkleidung mehr, kein Glänzen mit teuren Klamotten. Doch es sollte noch etwas Zeit vergehen, bis meine Uniform zum Einsatz kam, denn das Studium fand in Zivil statt.

Dann begann das fünfte Semester. Ich würde zwei längere Praktika machen. Auf einem Polizeiabschnitt und in einer Einsatzhundertschaft. Ich hatte einen Platz auf einem Polizeiabschnitt in Neukölln bekommen. Anders als im Schnupperpraktikum trug ich nun die Uniform und eine Waffe. Ich lernte viel und hatte zum ersten Mal das Gefühl, wirklich in den Polizeialltag einzutauchen. An einem der ersten Tage hatte ich einen Einsatz, der mir für immer im Gedächtnis bleiben sollte. Wir wurden zu einer toten Person in einem PKW alarmiert. Das Fahrzeuginnere war teils ausgebrannt, die Fahrerin den Flammen zum Opfer gefallen. Ihre Schwester hatte ausgesagt, dass die Frau Suizidabsichten geäußert habe. Streifenpolizistinnen und -polizisten, einige Kolleginnen und Kollegen von der Kriminalpolizei sowie die Feuerwehr waren bereits vor Ort.

Schon von Weitem sahen wir zahlreiche Einsatzfahrzeuge, die um den Kleinwagen herumstanden. Geschmolzenes Gummi und Lösch-Chemie vermischten sich zu einem intensiven Geruch. Die Motorhaube schimmerte aschgrau. Hinter dem Steuer erkannte ich die Umrisse einer Gestalt, eine Frau. Ich trat vorsichtig näher. Die Fahrerin war vollständig verkohlt.

Eine Kollegin von der Kriminalpolizei fotografierte das Auto aus verschiedenen Perspektiven. Sie zog sich Einmalhandschuhe an und beugte sich durch die offene Fahrertür in den Innenraum. Ihre schmalen Schultern vibrierten vor Anstrengung, dann richtete sie sich auf und sah mich an.

»Kannst du mir helfen?« Ich nickte, zog ebenfalls meine Handschuhe an, suchte einen stabilen Stand und beugte mich vor.

Der Geruch nach verbranntem Fleisch nahm mir fast den Atem. Ich konzentrierte mich auf meine Aufgabe und packte die leblose Person unter den Schultern. Ein weiterer Kripokollege griff nach den Beinen. Gemeinsam zogen wir sie aus dem Auto. Es war das erste Mal, dass ich eine tote Person anfasste, und ich tat einfach, was in dem Moment von mir verlangt wurde.

In der Nacht krochen die Bilder des Tages in meinen Kopf und ich lag wach, dachte an die Verstorbene und war überrascht von mir selbst, wie ich im Moment des Einsatzes in der Lage gewesen war, professionell zu handeln. Ich hatte das getan, was die Kolleginnen und Kollegen taten, und doch unterschied ich mich von ihnen, denn für mich war das noch keine Routine. Es dauerte mehrere Wochen, bis ich wieder Fleisch essen konnte. Die Erinnerung an den Geruch war intensiver als der Schrecken, meine erste Leiche angefasst zu haben. Während der Ausbildung hatte ich gelernt, dass solche Einsätze für die Einsatzkräfte eine außergewöhnliche psychische Belastung darstellen konnen. Ich hatte nun das Gefühl, dass ich damit umgehen konnte. Es ließ mich nicht kalt, aber es warf mich nicht um.

Ich war noch mehrere Wochen als Praktikantin bei einer Einsatzhundertschaft. Die Einsatzhundertschaften sind vor allem vorgesehen für besondere Einsatzlagen wie beispielsweise Demonstrationsgeschehen, Fußballspiele oder Staatsbesuche sowie zuständig für Kriminalitätsbekämpfung oder Verkehrsüberwachung.

Mein letztes Praktikum durfte ich im Ausland absolvieren. Ich brannte darauf, in die USA zu gehen, und wollte unbedingt zum Miami Police Department. Dort würde ich weitere Erfahrungen sammeln, mein Englisch verbessern können und endlich meine Schwester wiedersehen.

Mein Dienst beim CSI, der Crime Scene Investigation, begann um acht Uhr morgens. Eine Polizistin begrüßte mich mit einem freundlichen Kopfnicken und einem warmen »Welcome!«. Dann breitete sie vier Farbfotos auf der grauen Tischplatte aus.

»Das sind Bilder vom Tatort. Schießerei. Wir haben die Leichen im Schlafzimmer aufgefunden«, erklärte sie.

Auch im klimatisierten Police Department war die tropische Wärme Miamis zu spüren, dennoch bekam ich plötzlich Gänsehaut. Ein Mann, eine Frau und ein etwa vierzehnjähriger Junge lagen grotesk verrenkt in schwärzlichen Lachen ihres eigenen Blutes.

»Vermutlich ein Neun-Millimeter-Projektil. Wir fahnden noch nach den Tätern. Sie sind durch die Terrassentür reingekommen. Uhren, Schmuck, Computer, alles ausgeräumt«, fuhr die Polizistin mit ihrer Erläuterung fort. Ihre Stimme klang unaufgeregt. Sie hätte mir genauso gut ein Kochrezept erklären können.

»Habt ihr hier oft so heftige Schießereien?«, fragte ich. Die Polizistin sah mich prüfend an.

»Ja«, sagte sie, »ziemlich oft«, und ich verstand, dass sie hier andere Dinge gewöhnt waren als wir in Berlin. Das Ausmaß der Brutalität war viel größer als alles, was ich aus Neukölln kannte, doch ich versuchte, mir nicht anmerken zu lassen, wie erschreckend ich die Bilder fand. Sie stellte mich einer kleineren Kollegin vor, Shauna, zuständig für die Spurensicherung am Tatort.

»Ich hab einen Raub auf der Liste, Einbruch in Fahrzeuge, ein paar Kollegen sind schon da. Mal sehen, was wir finden.«

Ich war erleichtert, dass mein erster Einsatz nur ein Raub sein würde, und lief hinter Shauna her zum Parkplatz vor dem Police Department, wo Seite an Seite eine Armada von weißen Vans wartete. Auf der Tür prangten in Weiß und Dunkelblau die Lettern »CSI«. Wir gurteten uns an und fuhren los.

Wann immer irgendwo eine Straftat passierte, ein Diebstahl, ein Mord oder ein Überfall, rückten die Ermittlerinnen und Ermittler aus, um am Tatort Spuren zu sichern. Was hier passierte, hatte vollkommen andere Dimensionen als die Verbrechen in Deutschland. Viele Menschen besaßen Schusswaffen, sie hatten irgendwo eine Pistole, einen Revolver oder ein Gewehr herumliegen, eine Pumpgun, eine Maschinenpistole oder eine Schrotflinte – und sie machten von ihnen Gebrauch.

Shauna, die ein zweijähriges Studium absolviert hatte, um CSI-Ermittlerin zu werden, steuerte den weißen Van Richtung Downtown. Unsere Aufgabe würde es sein, nach dem Diebstahl diverser Wertgegenstände aus einer Limousine Spuren zu sichern.

»Don't worry, der Täter ist längst auf und davon«, grinste Shauna, während sie den Wagen bedächtig durch eine langgezogene Kurve steuerte.

»Fährst du immer ohne Partner?«, fragte ich und dachte daran, wie unsere Ausbildenden uns immer wieder einschärften, im Einsatz gut aufeinander achtzugeben.

»Ja. Das ist der Job«, antwortete sie lakonisch. »Muss mich halt vorsichtig herantasten. Wenn es brenzlig wird und ich in eine Falle gelockt werde, habe ich richtig schlechte Karten.«

»Weil du allein bist?«

»Vor allem fahre ich ohne Waffe, Sweetie«, sagte sie und klopfte auf ihren Gürtel. Ich sah erst jetzt, dass es kein Holster für eine

Pistole gab und auch nichts, was dem Tonfa der Berliner Polizisten glich.

»Und wenn du Hilfe brauchst?«

»Dafür gibt's das hier.« Sie zeigte auf das Funkgerät. »Damit kann ich die Patrol Cars zur Unterstützung anfordern. Mache ich aber nicht so gern. Man hat ja einen Ruf zu verlieren.«

Wir fuhren eine breite Straße entlang, rechts und links ragten spiegelnde Bürogebäude in den Himmel. Shauna lenkte den Wagen langsam auf einen Parkplatz, auf dem ein schwarzer Cadillac mit verdunkelten Scheiben parkte, und manövrierte den weißen Van direkt dahinter. Wir stiegen aus, öffneten die Hecktüren und statteten uns mit Einmalhandschuhen, Pinsel und Rußpulver für Fingerabdrücke und kleinen Papiertüten für die Spurensicherung aus. Mitten auf dem gut zu überblickenden Parkplatz begannen wir mit unserer Arbeit. Hier schien es nicht so, als würde uns jemand hinter einer Mauer auflauern, um uns zu erschießen, während wir nach Zigarettenstummeln, Fingerabdrücken, Blutflecken und Fußabdrücken suchten. Für mich war diese Aufgabe in Ordnung, denn auch wenn ich mir Action gewünscht hatte, konnte ich gut auf eine Schießerei verzichten.

Mein Praktikum in Miami dauerte zwei Wochen. Mit Shauna war ich nur einen Tag unterwegs gewesen, dann wurde ich John zugeteilt, einem älteren Officer, der seit fünfundzwanzig Jahren im Patrol Service, also Streifendienst, tätig war. Im Gegensatz zu Shauna trug John eine Waffe, eine Glock. Wir unterhielten uns über die Polizeiausbildung. Ich erzählte ihm, dass das deutsche Studium für den gehobenen Dienst drei Jahre dauerte. Er pfiff durch die Zähne, machte ein ehrfürchtiges Gesicht und erklärte mir, dass die Ausbildung der US-Officers nicht mal halb so lang sei und die deutsche Polizei hier hohes Ansehen genieße.

John fuhr mich herum und versuchte mir so viel wie möglich

von Miami zu zeigen: von der Upper East Side über Little Haiti, einer Neighbourhood mit hoher Kriminalitätsrate und Karibik-Flair, über Edgewater mit seinen silbernen Hochhäusern, die fantastische Ausblicke auf den Ozean boten. Er präsentierte mir stolz seine Wohnung: Eigentum, fünfzehnter Stock, Meerblick.

Dann fuhren wir Streife in Model City. Wenn man nur flüchtig hinsah, wirkte die Gegend erstaunlich nett. Ein gelb gestrichener Apartmentblock neben einem rosafarbenen Bungalow, dazwischen Grün, spielende Kinder auf der Straße. Aber dann fiel mir auf, wie heruntergekommen die Häuser hier waren. Der Putz blätterte und die Farbe verwitterte. Überall lag Schutt herum. Leere Verpackungen und undefinierbare Haufen Gerümpel, das keiner mehr brauchte, aber auch niemand entsorgte. Ein Junge auf einem BMX-Rad fuhr vor uns über die Straße. Er war ungefähr acht Jahre alt und fiel mir auf, weil er keine Schuhe trug. Er hatte nur Socken an, und davon zwei verschiedene. Es war Mittag und überall lungerten Menschen herum. Ich sah fast ausschließlich Afroamerikanerinnen und Afroamerikaner. Sie saßen auf Treppen, auf Kisten oder windschiefen Plastikstühlen. Wenn wir heranrollten, richteten sich die Blicke der Leute auf uns. Manche starrten unverhohlen, andere verstohlen. Das Unbehagen in ihren Gesichtern war unerwartet intensiv und beklemmend. Selbst wenn ich wegsah, konnte ich ihre Blicke im Nacken spüren. Sie ordneten die Cops vermutlich einer feindlichen Welt zu. »Hier musst du wirklich aufpassen«, warnte John. »Wenn hier ein Verbrechen geschieht, rufen sie nicht uns. Sie regeln das untereinander. Es braucht nicht viel und auf einmal bist du mitten in einer Schießerei.«

Er verlangsamte die Fahrt, bis das Auto fast stand, und beobachtete eine Frau, die auf dem Bürgersteig hockte und vor sich hin starrte.

»Bleib du hier«, ermahnte er mich. »Bitte. Du hast keine Waffe.«

Dann stieg er aus, sicherte die Umgebung nach rechts und links ab und ging zu der Frau. Ich beobachtete, wie sie langsam den Blick hob und ihn ansah. Die beiden sprachen kurz miteinander, dann stieg der Officer wieder ins Auto.

»Sie hat gestern den Notruf gewählt. Häusliche Gewalt. Ihr Freund ist ein Dealer«, seufzte er und es klang in gewisser Weise hoffnungslos.

An einem meiner freien Tage besuchte Sevana mich. Sie hatte sich von ihrem Mann getrennt und sich mit ihrem Job als Friseurin ein eigenes Leben aufgebaut. Ich erkannte auf den ersten Blick, wie viel besser es ihr inzwischen ging. Sie trug ihre langen schwarzen Haare offen und ein Minikleid, das ihr Ex-Mann sofort verboten hätte. Ihre ganze Haltung sprühte vor Energie und Lebensfreude. Meine Schwester und ich sahen uns lediglich zwei Mal, da die Fahrt so lang dauerte und wir beide viel zu tun hatten. Trotzdem, war ich glücklich, als ich zurückflog. Ich war stolz auf das, was ich erlebt hatte, beeindruckt von den toughen Kolleginnen und Kollegen und voller Hoffnung, dass auch ich irgendwann so gute Polizeiarbeit machen würde.

Ich war am Ende meines dritten Ausbildungsjahres und musste ein Thema für meine Abschlussarbeit suchen. Ich hatte einige Kommilitoninnen und Kommilitonen, die wie ich keine deutschen Eltern hatten. Es gab Cem und noch andere mit türkischen Eltern sowie eine Araberin in meinem Jahrgang. Jeder und jede von uns, der eine mehr, die andere weniger, hatte Bedenken gehabt, ob er oder sie überhaupt angenommen werden würde. Einige zweifelten, ob ihre Deutschkenntnisse reichen würden, und andere, die die Sprache im Grunde gut beherrschten, wurden böse überrascht, mit welchen grammatikalischen Feinheiten sie sich im Deutschtest herumschlagen mussten. Der Wunsch und der Wille, Polizistin oder Polizist zu werden, war bei Kolleginnen und Kollegen, die einen Migrationshintergrund hatten, dennoch riesengroß. Die Zweifel jedoch waren mindestens genauso groß. Außerdem war die Rekrutierung von Bewerberinnen und Bewerbern mit Migrationshintergrund ein aktuelles Thema. Also beschloss ich, genau dieses Spannungsfeld zum Gegenstand meiner Bachelorarbeit zu machen. *Migranten in der Berliner Polizei: Motivation und Hemmnisse von Bewerbern mit Migrationshintergrund.* Das interessierte mich, dazu wollte ich schreiben. Was ließ Bewerberinnen und Bewerber zweifeln, ob sie geeignet wären? Und was motivierte sie, es einfach zu versuchen? Welche Hürden, die schwer oder gar nicht zu überwinden waren, gab es beim Einstellungstest? Ich suchte mir Kommilitonen mit Migrationshintergrund, die es geschafft hatten, und fand weitere, die nicht angenommen worden waren. Ich führte strukturierte, leitfadengestützte Interviews durch. Das Auswertungsergebnis sollte dabei helfen, Handlungsempfehlungen für die künftige Personalgewinnung und die Nachwuchswerbung entwickeln zu können.

Während ich noch an meiner Abschlussarbeit schrieb, musste ich überlegen, auf welchem Polizeiabschnitt ich später arbeiten wollte. Ich fand die Vorstellung gut, meinen Dienst als fertige Polizistin in Neukölln anzutreten. Ich lebte seit fast zehn Jahren in diesem Viertel, kannte mich gut aus. Die Entscheidung lag zwar nicht bei uns, aber wir durften drei Wünsche angeben, und so fiel mein Erstwunsch auf Neukölln.

Abend für Abend kniete ich auf dem Teppich in unserem Wohnzimmer, den Laptop vor mir auf dem gläsernen Couchtisch, um mich herum Bücher und Papiere mit Notizen. Neben mir saß in einem neuen, bequemen Sessel, den ich ihm von meinem Anwärterinnengehalt gekauft hatte, mein erschöpfter Vater. Seit Wochen hatte er schlimme Rückenschmerzen, und er und meine Mutter wirkten auf eine beunruhigende Weise bedrückt.

»Mama, ist alles in Ordnung?«, fragte ich immer wieder.

»Mach dir keine Sorgen, alles in Ordnung«, behauptete sie. Ich glaubte ihr nicht, aber ich erklärte mir die kummervollen Gesichter mit ihrer schwierigen Situation. Mein Vater kämpfte ums geschäftliche Überleben und meine Mutter musste trotz ihrer labilen Gesundheit mit anpacken. Wenn es uns endlich finanziell besser gehen würde, dann würde alles leichter.

Ich feilte am Text meiner Arbeit, formatierte sie sorgfältig und übergab sie aufgeregt in die Hände meiner Ausbildenden. Es war ein unfassbares Gefühl, so weit gekommen zu sein. Mit fünfzehn hatte ich meine ersten deutschen Worte gelernt und nun stand ich kurz vor meiner letzten Prüfung, die mündliche Verteidigung meiner Arbeit. Ich war aufgeregt, aber auf eine gute Art, denn ich wusste, dass ich gut vorbereitet war. Ich hatte wochenlang Wissen in mich hineingeschaufelt und hoffte, jede Frage ohne Probleme beantworten zu können. Drei Jahre Lernen lagen hinter mir. Es war der Endspurt und ich wollte es unbedingt gut machen.

Wir sprachen etwa fünfzig Minuten, die wie im Flug vergingen. Ich redete und die Gesichter meiner Prüfer sahen immer zufriedener aus. Ich lief auf einem Teppich aus Wissen auf mein Ziel zu und meine Zuhörer schenkten mir dieses bestätigende Nicken, das schon während der Prüfung zeigt, wohin die Reise geht. Dann war ich fertig – und erwartete gespannt, dass sie mir das Ergebnis verkündeten.

»Eine sehr gute Leistung, Frau Atakisieva«, lobte der Prüfer.

Sehr gut! Wow. Ich war selig.

»Dürfen wir Ihre Arbeit in die Bibliothek aufnehmen, damit sich andere Studierende daran orientieren können?«

Was für eine Frage. Ich strahlte und nickte. Eine große Glückseligkeit durchströmte mich. In dem Moment war es definitiv, dass ich Polizeikommissarin werden würde und das mit einer guten Abschlussarbeit – mein Traum war erreicht. Ich war erleichtert und selig.

Ich fühlte mich immer noch wie auf Wolken, als ich zu Hause ankam. Meine Eltern würden so stolz sein! Ich hatte es geschafft. Endlich würde ich mehr verdienen, ein vernünftiges Monatsgehalt bekommen.

Meine Mutter saß allein in der Küche, als ich hereinkam.

»Ich habe bestanden!«, verkündete ich. Ich platzte fast vor Glück und Stolz.

»Schön, Lana, das freut mich«, sagte sie und rang sich ein kurzes Lächeln ab, das so schnell verschwand, wie es gekommen war. Sie schien in Gedanken woanders zu sein. In mir machte sich Ernüchterung breit. Meine Mutter freute sich nicht wirklich und mein Vater lag im Schlafzimmer.

»Warum schläft Papa um die Uhrzeit?«

»Weil er müde ist.«

Ich setzte mich. Irgendwas war hier faul.

»Mama, was ist eigentlich mit dir los?«

»Was soll denn los sein?«

»Warum freust du dich nicht einfach mal für mich?«

»Lana, glaub mir, ich freue mich«, entgegnete sie, dabei klang ihre Stimme, als würde sie eine Grabrede halten.

»Ach«, sagte ich giftig, weil ich schrecklich enttäuscht war, »das nennst du freuen? Mama, wieso bist du dauernd so schlecht drauf?«

Meine Mutter sah mich traurig an. Dieser Blick! Bevor sie etwas sagte, wusste ich, dass ihre Antwort mich in den Abgrund ziehen würde.

»Lana, dein Vater hat Krebs.«

Hitze und Kälte und Panik und Schmerz schossen durch meinen Körper. Krebs? Das konnte nicht sein. Meine Gedanken überschlugen sich.

»Mama, wir brauchen einen Arzt.«

»Lana, dein Vater ist schon seit Monaten in Therapie!«

Ihre Worte rauschten an mir vorbei. Ich stand auf, öffnete die Tür zum Wohnzimmer, wo mein Vater auf der Ausklappcouch schlief, und berührte ihn an der Schulter.

»Papa, steh auf. Wir müssen ins Krankenhaus!«

Verschlafen öffnete er die Augen.

»Lana, beruhige dich. Ich war schon beim Arzt.«

»Papa, bitte!« Ich kniete mich vor sein Bett, und obwohl ich stark sein wollte, konnte ich meine Tränen nicht zurückhalten. »Bitte! Du brauchst einen Arzt, lass mich dich hinfahren«, flehte ich.

Mein Vater schüttelte den Kopf und erzählte mir von Diagnosen und Ärztinnen und Ärzten, meine Mutter kam und ergänzte, doch ich verspürte fürchterliche Angst, dass mein Vater sterben könnte, jetzt, hier. Ich konnte nicht weiter ruhig zuhören, sondern musste etwas unternehmen, sofort.

Irgendwie gelang es mir, ihn ins Auto zu setzen und obwohl ich so aufgewühlt war, fand ich den Weg zur Notaufnahme des Krankenhauses. Im nächsten Moment saß ich im hellen Neonlicht vor einem müden Arzt, der sich geduldig unsere Geschichte anhörte. Mein Vater berichtete, dass er bereits in Behandlung sei, der Arzt fragte nach, ob es akute Probleme gebe, mein Vater verneinte und der Arzt sah mich bedauernd an.

»Frau Atakisieva, es gibt leider nichts, was ich hier und heute für Ihren Vater tun kann. Nächste Woche beginnt er mit der Chemotherapie. Wenn Sie anschlägt, hat Ihr Vater berechtigte Chancen. Die Kollegen werden tun, was Sie können.«

So langsam verstand ich. Sie wussten es schon die ganze Zeit –

und ich erfuhr erst jetzt davon! Mein Vater hatte Knochenmarkkrebs, daher rührten die Rückenschmerzen. Seit Wochen nahm er bereits Schmerzmittel. Ich hatte ein paar Mal gesehen, wie er die Pillen mit einem großen Glas Wasser herunterspülte. Wieso hatte ich nicht früher kapiert, wie schlecht es ihm wirklich ging?

Ich hatte einfach hingenommen, dass niemand eine Erklärung für die Rückenschmerzen hatte. Ich hatte mich nicht weiter gesorgt, da meine Mutter mit ihm zu Spezialisten ging und ich darauf vertraute, dass sie ihm helfen würden. Ich hielt seine Symptome damals für gewöhnliche Rückenschmerzen. Aber meiner Mutter hatte es keine Ruhe gelassen und sie war mit meinem Vater von einer Ärztin zum nächsten Arzt gezogen. Nach einigen Tests gab es eine Blutuntersuchung, ein Wert fiel auf, der verdächtig schien. Weitere Untersuchungen ergaben einen neuen Verdacht, und schließlich wurde der Krebs diagnostiziert.

»Papa, warum habt ihr mir nichts gesagt?«, fragte ich.

»Du hattest deine Prüfungen, wir wollten, dass du dich auf dein Studium konzentrieren kannst.«

Der Arzt räusperte sich.

»Fahren Sie nach Hause, Frau Atakisieva. Ihr Vater braucht jetzt vor allem Ruhe«, sagte er und ich fühlte mich schrecklich, weil ich meinen Vater direkt hier hergeschleppt hatte.

Als wir wieder zu Hause waren, kroch ich traurig in mein Bett. Mir kam alles sinnlos vor. Der glückliche Moment am Mittag, als ich mich über meine guten Prüfungsnoten gefreut hatte, erschien wie aus einem anderen Leben.

Etliche Tage später machte ich mich auf den Weg zur Hochschule. Es war mein letzter Besuch dort und eigentlich hätte es mein schönster Tag werden können, aber ich war voller Sorge um meinen Vater. Im Saal herrschte Feierstimmung. Viele Eltern waren mitgekommen und strahlten wie Honigkuchenpferde, sie waren so stolz auf ihre Töchter und Söhne, die an diesem Tag offiziell zu Kommissarinnen und Kommissaren der Berliner Polizei ernannt wurden. Im Audimax der HWR Berlin wurden wir in alphabetischer Reihenfolge nach vorn auf die Bühne gerufen. Als eine der Ersten überreichte man mir meine Urkunde und beglückwünschte mich zum erfolgreichen Studienabschluss. Es wurden direkt Fotos geschossen und ich fühlte einen Mischmasch aus Trauer und Glück, aber auch große Dankbarkeit. Ich würde bald als Polizistin in Berlin arbeiten und mein Vater wurde von fähigen Ärztinnen und Ärzten behandelt. Ich war froh, hier zu leben, und vertraute auf die Medizinerinnen und Mediziner und gut ausgestattete Krankenhäuser

Am nächsten und übernächsten Tag schleppte sich mein Vater in seinen Fahrradladen. Ich habe zwar eine andere Meinung und wünschte, er würde sich erholen, doch er ist der Ansicht, dass es keinen Grund gibt, faul zu sein, so lange man lebt. Auch am dritten Tag biss er die Zähne zusammen und ging unter Schmerzen zum Laden, während ich mich auf den Weg machte, um meinen Dienst bei der Polizei anzutreten.

19 VATERLIEBE

Ich wickle Absperrband um einen Laternenpfahl.

»Treten Sie bitte zurück«, sage ich mit lauter Stimme. Der Mann, den ich anspreche, rührt sich nicht.

»Zurück!«, wiederhole ich. Er starrt rüber zu den Sanitätern, geht einen Schritt zur Seite, hebt sein Handy und filmt.

»Hallo! Bitte nicht filmen!« Ich schreie fast.

Er murmelt etwas, das ich nicht verstehen kann, filmt weiter und stellt sich auf die Zehenspitzen, um bessere Sicht auf das Geschehen zu bekommen.

Die Menschen filmen wahnsinnig oft, wenn etwas in der Öffentlichkeit passiert. Ruckzuck werden aus zwei Umstehenden einhundert. Viele zücken ihre Smartphones, um blutende Unfallopfer, Schlägereien, Streite oder die Arbeit der Sanitäterinnen und Sanitäter und der Polizei auf Video einzufangen.

»Ihnen würde es auch nicht gefallen, wenn Sie da liegen würden und andere Menschen filmten Sie«, verdeutliche ich, und endlich steckt er das Handy weg.

Es gibt immer wieder Einsätze, bei denen es um Leben und Tod geht, und es macht mich immer wieder fassungslos, wenn die umstehenden Menschen darin nur eine Sensation sehen. Vor einiger Zeit wurden wir zu einem Mann gerufen, der im Drogenrausch eine Autoscheibe eingeschlagen und sich so tief geschnitten hatte, dass er drohte, vor unseren Augen zu verbluten. Der Rettungswagen war unterwegs, der Mann schrie ununterbrochen und die Umstehenden rückten näher heran, um das Geschehen besser beobachten zu können. Gemeinsam mit meiner Kollegin Isabel habe ich die Zuschauerinnen und Zuschauer gebeten, Platz zu machen, während meine Kollegen versuchten, die Blutung zu stoppen. Als der Rettungswagen kam, haben sie den Mann sofort ins Krankenhaus gebracht. Wir mussten ebenfalls mit, um uns auf Hepatitis testen zu lassen, da wir trotz unserer Handschuhe mit viel Blut in Berührung gekommen waren. Glücklicherweise hatte sich niemand infiziert, aber es war ein großes Risiko, dem wir uns bei diesem Einsatz ausgesetzt hatten.

Ich beobachte die Schultern des Notarztes, die sich während der Herzdruckmassage heben und senken. Er beachtet nicht, was um ihn herum passiert, und wir sorgen dafür, dass er die medizinischen Maßnahmen durchführen kann. Ein Mann ist zusammengebrochen. Zeugen haben berichtet, dass er wartend an der Fußgängerampel stand und plötzlich in sich zusammensackte.

Wir sind mit acht Kolleginnen und Kollegen angerückt, um die Rettungskräfte zu unterstützen und die Schaulustigen zurückzuhalten. Ich scanne die Reihen. Zwischen den glotzenden Menschen fällt mir ein junger Mann auf. Er kauert vor der Absperrung. Sein Gesicht ist verzerrt und seine Schultern beben. Ich erkenne aus der Entfernung, dass er verzweifelt weint, und gehe zu ihm.

»Kann ich Ihnen helfen? Kennen Sie den Mann?«, frage ich und zeige auf den liegenden Körper, dessen Brustkorb sich unter den Händen des Notarztes hebt und senkt.

»Mein Vater, mein Vater! Wie geht's ihm, bitte«, schluchzt der junge Mann in gebrochenem Deutsch. Während wir sprechen, wird der Notfallpatient auf einer Trage in das Notarzteinsatzfahrzeug geschoben.

»Hat er eine Krankheit?«, frage ich. Es kann hilfreich sein, wenn die Ärztinnen und Ärzte Informationen über den Bewusstlosen bekommen.

»Ja, Herz. Viele Probleme.« Der junge Mann schluchzt. Ich frage mich, wie er sich wohl fühlen muss. Der Vater sterbenskrank, während er nichts für ihn tun kann. Die Sorge des Sohnes mitzuerleben, berührt etwas in mir. Die Angst um den eigenen Vater ist mir vertraut. Ich gehe zu den Sanitätern. Sie sind kurz angebunden.

»Wir müssen ins Krankenhaus. Ist das der Sohn?«

Ich nicke.

»Am besten kommt er direkt mit ins Krankenhaus.«

In Ordnung. Wenn er das vorschlägt, ist es ernst.

Mein Kollege Ben und ich erklären dem jungen Mann, dass es jetzt ins Krankenhaus geht, und steigen zusammen in den Streifenwagen, denn im Notarzteinsatzfahrzeug darf er nicht mitfahren. Während unserer Fahrt betet der junge Mann inbrünstig.

»*Ya Rabbi*«, murmelt er auf Arabisch. Leise wiederholt er es, wieder und wieder. Auch ich sage »*Ya Rabbi*«, wenn ich zu Gott bete.

»Sie können hier warten«, sagt eine Krankenschwester, als wir in der Notaufnahme ankommen. Wir setzen uns auf Plastikstühle und ich erfahre, dass der junge Mann Mohammed heißt.

»Mein Vater«, schluchzt er, wirft den Oberkörper nach vorn und krümmt sich, als würde der Schmerz ihn zerreißen. Ben steht auf, um sich zu erkundigen, was mit dem Vater passiert ist. Ich bleibe bei Mohammed.

»Alles wird gut, das sind gute Ärzte. Dein Vater ist in den besten Händen«, sage ich und versuche, ihn zu trösten. Der junge Mann greift nach meiner Hand und umklammert sie fest. Dann kommt eine Ärztin auf uns zu und blickt auf Mohammed.

»Sind Sie der Sohn?«, fragt sie. Ihre Stimme klingt kalt.

Mohammed sieht mich hilfesuchend an. Ich nicke.

»Kommen Sie bitte mit«, fordert sie ihn auf. Dann schaut sie mich an. »Sie am besten auch.«

Ich ahne, was das bedeutet. Es passiert nicht besonders häufig, dass die Ärztinnen und Ärzte uns mit zum Gespräch bitten. Die Ärztin schließt die Tür hinter uns und wendet sich Mohammed zu.

»Ihr Vater ist tot.« Sie klingt dabei so sachlich, als hätte sie den Preis eines Regals genannt. Danach notiert sie etwas. Ich reiche Mohammed meine Hand und er nimmt sie. Ich spüre sein Zittern. Für einen Moment scheint die Zeit stillzustehen. Dann wirft sich Mohammed auf den Boden und stößt einen kehligen Schrei aus.

»Entschuldigen Sie mal!«, ruft die Ärztin empört. »Wenn Sie sich so benehmen, müssen Sie gehen!« Der zuckende, weinende junge Mann, auf den sie niederschaut, versteht sie nicht. Ich stehe auf und knie mich neben ihn.

»Mohammed, du musst jetzt stark sein!«, flüstere ich.

Er richtet sich auf.

»Mein Herz! Nimm mein Herz und gib meinem Vater!«, ruft er der Ärztin zu. Sie tritt einen Schritt zurück und sagt nichts. Mohammed weint und schluchzt und betet laut.

»Meine Vater! Ich will sehen meine Vater!«

Ich versuche, ihn mit leisen Worten zu beruhigen. Die Ärztin zieht die Augenbrauen hoch.

»Wenn Sie sich weiterhin so benehmen, müssen Sie das Krankenhaus verlassen!«, ermahnt sie Mohammed.

Ich stehe auf und gehe zu ihr.

»Hören Sie, sein Vater ist gerade gestorben. Ich würde nicht anders reagieren«, sage ich und bleibe so ruhig, wie ich kann, obwohl ich mich frage, warum sie so kühl reagiert. Womöglich hat sie bereits zu oft Todesfälle verkünden müssen, sich von den Schicksalsschlägen, die sich hier im Krankenhaus zutragen, distanziert. Vermutlich hat sie ihre Gründe. Trotzdem habe ich wenig Verständnis für ihr Verhalten.

»Ich beruhige ihn, okay? Kann er dann seinen Vater sehen?«

Die Ärztin lässt ihren Blick kurz über meine Uniform gleiten.

»Okay. Gut. Aber nur, wenn Sie dabei sind.«

»Ganz ruhig, Mohammed, ruhig«, flüstere ich ihm zu und er nickt. Die Ärztin führt uns durch den neonhellen Klinikflur. Eine Tür, ein kalter Raum, zwei Krankenschwestern. Eine richtet gerade ein hellgrünes Tuch über dem leblosen Körper. Ich spüre Mohammeds Finger, die sich in meinen Arm krallen, und höre sein ersticktes Schluchzen. Er löst die Umklammerung und taumelt zu seinem Vater. Tränen laufen ihm über die Wangen, als er hilflos die Hände nach dem Leichnam ausstreckt. Sein Schmerz erfüllt den Raum. Ich fühle mit ihm und spüre einen Kloß im Hals. Normalerweise gehen mir Einsätze nicht so nahe. Aber diesmal ist es anders, ich spüre, wie meine eigene Geschichte über dem Raum schwebt. Mohammed kniet vor seinem toten Vater, streicht ihm über die graue Schläfe und murmelt arabische Worte. Auch mir rinnt eine Träne über die Wange. Die Krankenschwester betrach tet mich. Auf ihrem resoluten Gesicht überwiegt die Anteilnahme und ich sehe, dass auch in ihren Augen Tränen schimmern.

Die Ärztin ist gegangen. Hinter mir räuspert sich Ben. »Lana …«, flüstert er, er möchte wissen, wie es weitergeht, und ich drehe mich zu ihm um.

»Wir fahren Mohammed nach Hause.«

Es ist eine Entscheidung, die wir treffen, weil wir ihn in dieser verzweifelten Situation nicht allein nach Hause schicken möchten und vermuten, dass er sonst niemanden hat. Wir erklären ihm außerdem, dass er Hilfe von der psychosozialen Notfallversorgung bekommen kann. Doch er schüttelt den Kopf. Er will einen Bekannten anrufen, der würde mit dem Imam kommen.

Mohammeds Wohnung, die sich nicht weit entfernt von unserer Dienststelle befindet, ist noch kleiner als die, in der meine Eltern und ich leben, und viel spärlicher eingerichtet. Es gibt einen Holztisch, zwei Stühle und zwei Matratzen, die auf dem Boden liegen.

Mohammed kauert auf der Matratze und bietet uns die Stühle an. Er wirkt, als würde er sich für die ärmlichen Verhältnisse, in denen er lebt, schämen.

Er erklärt uns, dass er gemeinsam mit seinem Vater zum Arbeiten nach Deutschland gekommen sei, um der in der Heimat zurückgebliebenen Familie Geld zu senden. »Möchtet ihr Tee?«

»Danke, ja«, sage ich.

»Wir haben immer gearbeitet, zwei Jahre.« Mohammed blickt zu Boden und schluchzt. Nur ein Freund seines Vaters sei da noch, ein Bekannter. Wir rufen ihn gemeinsam an. Ich erkläre, was passiert ist, und der Mann am Telefon verspricht, sofort zu kommen. Ich werfe Ben einen Blick zu. Ich möchte warten, bis der Bekannte mit dem Imam da ist. Es vergehen keine zehn Minuten, da klingelt es. Wir begrüßen den Bekannten des Vaters und dann verabschieden wir uns. Mohammed ist nicht allein, jedenfalls nicht in diesem Moment.

20 EINE VON UNS

Das Fundament, auf dem ich stehe, sind meine Eltern. Sie sind meine Wurzeln und haben für mich gesorgt, seitdem ich auf der Welt bin. Auch in der Zeit, als ich mich von ihnen abgewandt habe, blieben sie ein sicherer Ort, von dem ich im tiefsten Inneren wusste, dass ich immer dorthin zurückkehren konnte.

Ich hatte mir jahrelang gewünscht, dass ich es schaffen würde, meine Eltern stolz zu machen, doch ausgerechnet dann, als ich meinen Dienst als fertige Polizeikommissarin antrat, schwebte das finstere Krebsgespenst über unserer Familie.

Ich hatte mich zu Fuß auf den Weg zum Polizeiabschnitt gemacht. Es war Sommer, ein schöner Tag, doch ich konnte die Wärme nicht spüren. Mir war von innen kalt. Ich lief wie ein Roboter durch zwei Seitenstraßen, dann entlang der Hauptstraße, wo gerade die ersten Geschäfte die Rollgitter hochzogen, und durch eine Nebenstraße mit kleinen selbst angepflanzten Beeten. Als ich vor dem Abschnitt ankam, sah ich in Gedanken die schmale, graue Gestalt meines Vaters vor mir. An diesem Morgen hätte ich ihn am liebsten in den Laden begleitet, aber er hatte gesagt: »Lana, geh bitte, ich komme schon zurecht.«

Ich konnte sehen, dass das nicht stimmte. Er konnte schließlich kaum allein von seinem Sessel aufstehen. Mir war nach heulen zumute, doch ich zwang mich weiterzumachen. Es war wichtig, dass ich zur Arbeit ging. Ich war nun Beamtin auf Probe, das durfte ich nicht aufs Spiel setzen, denn meine Eltern brauchten mich jetzt. Sie benötigten nicht nur meine Hilfe im Haushalt, sondern auch meine finanzielle Unterstützung, dessen war ich mir bewusst.

Ich stand vor der Wache. Mechanisch hob ich die Hand und betätigte die Klingel am Eingang. Der Türsummer brummte und ich trat ein. Vor ein paar Tagen war ich lediglich aufgeregt gewesen und hatte mich gefragt, wie sich der Start im neuen Abschnitt anfühlen würde. Würde ich hier wieder eine Außenseiterrolle haben; würde ich jemand sein, den man zwar nicht mobbt, aber der auch nicht wirklich dazugehörte? Das waren meine größten Sorgen gewesen. Aber nun trug ich einen Kummer in mir, der vollkommen andere Dimensionen hatte.

Vor mir lag der Tresen auf der Wache, der graue Flur. Das Ziel meiner Träume schien erreicht. Jedoch überschattete meine Grübelei alles, wofür ich so hart gearbeitet hatte. Voller bedrückender Gedanken im Kopf trat ich meinen ersten Tag an und konnte mir nicht vorstellen, dass mich irgendetwas aus meiner Niedergeschlagenheit befreien könnte.

»Hallo!«, rief ein junger Mann, der mir durch den Flur entgegenkam, und grinste mich fröhlich an. »Ich bin Fabian, der Abschnittsleiter! Ich bin der coolste Kollege, den du auf dem Abschnitt kennenlernen wirst!« Er zwinkerte mir gut gelaunt zu, natürlich war er nicht der Leiter des Abschnitts; und obwohl mir nicht danach zumute war, musste ich lachen. Es war ein zaghaftes Lachen, das seine Mühe hatte, unter all der Traurigkeit hervorzuschlüpfen, aber es richtete mich auf.

Das erste Gespräch mit dem Leiter des Polizeiabschnitts hatte ich gemeinsam mit einer jungen Kollegin, die mit mir das Studium absolviert hatte. Wir saßen vor ihm in seinem Büro, beide neu, beide aufgeregt.

Der Abschnittsleiter warf einen Blick auf die Unterlagen, die vor ihm auf dem Tisch lagen.

»Aserbaidschanisch, Türkisch, Russisch, wirklich wunderbar«, las er lächelnd vor. »Ich freue mich sehr, dass Sie bei uns anfangen, Frau Atakisieva.«

Er zerlegte meinen Nachnamen in einzelne Silben, die er konzentriert, aber holprig aneinanderreihte. Gleichzeitig klang er ehrlich begeistert, dass jemand so viele Sprachen beherrschte. Wow, dachte ich. Er scheint froh zu sein, dass jemand herkommt, der mit den Bürgerinnen und Bürgern in ihrer Muttersprache sprechen kann, und ich fühlte mich zum ersten Mal seit vielen Jahren wirklich willkommen – hier in Berlin-Neukölln.

Ein anderer Kollege zeigte mir, wo die Spinde standen. Ich zog meine Uniform an und wie immer, wenn ich in die dunkelblaue Dienstbekleidung schlüpfte, machte es etwas mit mir. Ich fühlte mich bereit, meinen Dienst anzutreten.

An meinem ersten Tag sollte ich mit zwei Kollegen Funkwagen fahren und ich war froh zu hören, dass einer von beiden Fabian war.

»Lana, heute wird ein Supertag!«, verkündete er, drehte das Autoradio auf, wippte mit dem Kopf zur Musik und ließ die Scheiben herunter. Wir fuhren langsam durch den Volkspark Hasenheide, vorbei an jungen Menschen, die auf der Wiese saßen und uns nicht weiter beachteten. Auf einmal spürte ich die Wärme des Sommers, wo vorher nur eine merkwürdige Kühlheit gewesen war.

In meiner Dienstgruppe hatten mehrere junge Kolleginnen und Kollegen neu angefangen, Kian und Alper, Nele und ich. Im folgenden Tagesdienst hatten wir alle gemeinsam ein Kennenlerngespräch mit unserem Dienstgruppenleiter.

»Wenn er eine rechtliche Frage stellt, stelle ich mich tot«, kündigte Kian an. Nele machte ein banges Gesicht. Ich hoffte, dass mir die richtigen Formulierungen einfallen würden, falls ich etwas gefragt werden würde.

»Willkommen bei uns auf dem Abschnitt«, begann der Dienstgruppenleiter und wiegte bedeutsam den Kopf. »Ihr werdet sehr viel erleben und alles kennenlernen, was es an kriminellen Handlungen gibt. Clan-Kriminalität spielt in unserem Abschnittsbereich eine große Rolle. Doch auch andere Dinge stehen an der Tagesordnung. Zu Beginn wird der Dienst für euch eine große Herausforderung darstellen, da es hier zu zahlreichen Einsätzen kommt – wegen Diebstählen, Einbrüchen, Schlägereien, Verkehrsunfällen, um nur einige zu nennen. Die erste Zeit werdet ihr als dritte Person im Wagen mitfahren. Schaut euch gut an, wie die erfahrenen Kollegen arbeiten, und fragt sie, wenn ihr etwas nicht wisst. Ihr werdet schnell lernen, weil in unserem Bereich viel passiert und euch die erfahrenen Kollegen an die Hand nehmen werden.«

Unsere Arbeit auf dem Abschnitt würde über die Funkwageneinsätze hinausgehen, führte unser Dienstgruppenleiter weiter aus. Präsenz- und Zivildienste gehörten dazu, wir würden den Verkehr überwachen, für die Anzeigenaufnahme auf der Wache zuständig sein und in Zukunft Einsätze planen und durchführen.

Er stellte keinem von uns eine Frage. Ich war erleichtert. Kian, Alper, Nele und ich gingen zusammen nach unten, und ich holte meine Plastikdose aus dem Kühlschrank, um mir in der Küche mein Essen warm zu machen, Reis und Thunfisch aus der Dose, sättigend und preiswert. Eigentlich hatte ich kaum Appetit. Dass mein pflichtbewusster, tapferer Vater an diesem Tag nicht in seinen Laden gegangen war, machte mir am meisten Sorgen. Es bedeutete, dass er wirklich am Ende seiner Kräfte war.

Ich nahm meinen dampfenden Teller aus der Mikrowelle und

trug ihn in den Aufenthaltsraum. In der Mitte standen vier zusammengeschobene weiß lackierte Tische. Gegenüber hing der Fernseher. Kian hatte eine Nachrichtensendung eingeschaltet, aber als ich hereinkam, wandte er sich mir zu und musterte mich aufmerksam. Er schnupperte, als er meinen Teller sah. »Oh, Thunfisch! Esse ich auch oft«, sagte er und lächelte. Ich versuchte ebenfalls ein Lächeln, aber so richtig überzeugend schien es nicht zu sein.

»Warum schaust du so traurig?«, fragte Kian, schaltete den Fernseher leiser und setzte sich neben mich. »Geht's dir nicht gut?«

»Doch, mir schon«, antwortete ich und überlegte kurz, wie viel Privates ich erzählen sollte. Alle hier hatten mich freundlich empfangen, ich fühlte mich wirklich willkommen. Hier war ich mit einem ganz anderen Selbstbewusstsein angetreten als damals in der Schule. Ich war nicht mehr die zurückhaltende Lana, die ich noch vor ein paar Jahren gewesen war, denn schließlich hatte ich das schwierige Studium gemeistert. Jetzt wollte ich ein Teil dieses Teams werden und mich nicht selbst durch Schweigen oder Abgrenzung ins Abseits befördern, und Kian sah aus, als würde ihn wirklich interessieren, was in mir vorging.

»Es ist mein Vater. Ihm geht es nicht gut.«

»Oh«, sagte Kian, »das tut mir leid. Was ist mit ihm?«

Ich erzählte vom Krebs, der schon seit Monaten in meinem Vater wütete, während ich ahnungslos an meiner Bachelorarbeit geschrieben hatte. Kian sah, dass ich Tränen in den Augen hatte, und sprach mir aufmunternd zu. Von diesem Moment an war er eine meiner Vertrauenspersonen, die wussten, weshalb ich hin und wieder traurig gestimmt war. Der andere war Alper. Diesen beiden konnte ich immer erzählen, wenn ich Kummer hatte. Ansonsten gab ich mein Bestes, um eine toughe Kollegin zu sein, auf die man sich verlassen kann.

Eines Nachts saß ich mit einer Kollegin und einem Kollegen im

Wachdienst. Die beiden sprachen über beiläufige Dinge, einen Wochenendausflug, den Dienstplan. Ich schwieg. Mir war in dieser Nacht nicht nach Reden zumute. Am nächsten Morgen hatte ich mit meinem Vater einen Termin im Krankenhaus, denn ich hatte ihm versprochen, ihn zur Chemo zu begleiten. Ich würde nur zwei, drei Stunden Schlaf bekommen, doch ich wollte nicht um eine freie Nacht bitten. Es war fast vier Uhr morgens, ich war müde, angespannt und voller Unruhe. Eine Kollegin fragte mich, was los sei, und als ich es ihr erklärte, wirkte sie sehr betroffen.

»Lana, was machst du dann hier? Geh nach Hause!«, sagte sie. Ich war froh, nicht mehr länger durchhalten zu müssen, und machte mich auf den Heimweg.

Der nächste Morgen war schrecklich. Ich hätte die ganze Zeit in Tränen ausbrechen können, aber mein Vater sollte auf keinen Fall sehen, wie traurig ich war, also biss ich die Zähne zusammen, bis es knirschte. Mein Vater bat mich, mit der Ärztin zu sprechen, und kaum saß ich allein vor ihr, ging es los. Ich bekam einen regelrechten Weinkrampf und erzählte ihr schluchzend, dass ich aus dem Nachtdienst käme. Sie zeigte mir eine Couch, auf der ich mich ausruhen konnte, und ich schlief ein und wachte erst wieder auf, als mein Vater, um den ich mich doch eigentlich kümmern wollte, mich an der Schulter berührte.

Die Zeit der Chemotherapie war hart für mich. Einfach nur geduldig abzuwarten, liegt mir nicht. Viel lieber hätte ich etwas Konkretes für meinen Vater getan. Doch meine Mutter und ich konnten nichts tun, außer zuzusehen, wie ihn die starken Medikamente übel zurichteten. Währenddessen ging ich weiter zur Arbeit und war dankbar für jede Aufgabe, die mich von der deprimierenden Warterei ablenkte. Wenn ich nicht am Steuer saß, bediente ich als Beifahrerin das Funkgerät. Funken muss allerdings geübt sein. Die Kommunikation zwischen Einsatzleitzentrale und Funkwagen ist speziell. Während des Studiums hatte ich einen Funklehrgang, dennoch fiel es mir in der Praxis am Anfang nicht leicht. Es ist Übungssache, eine Einsatzlage kurz, aber präzise zusammenzufassen. Es gibt viele polizeiinterne Begriffe und Abkürzungen. Bei Fragen wendete ich mich stets an die Kolleginnen und Kollegen, die ausreichende Diensterfahrung hatten. Auch heute lerne ich jeden Tag dazu.

Mitunter kam es beim Funken zu lustigen Missverständnissen.

»Funk du!«, sagte Fabian einmal, als wir einen Einsatz wegen Verkehrsbehinderung hatten.

»Was soll ich denn sagen?«, fragte ich.

»Sag, dass wir die Rolle brauchen«, erklärte er. Ich verstand allerdings nicht »Rolle«, sondern »Roller«. Ein PKW stand im absoluten Haltverbot und behinderte dabei Bauarbeiten. Das Auto musste abgeschleppt werden. Aha, dachte ich. Den Abschleppwagen nennt man also Roller; ein umgangssprachliches Wort, das ich noch nicht kannte.

»Wir brauchen einen Roller«, funkte ich und erklärte, dass ein Fahrzeug umgesetzt werden müsse. Ich achtete darauf, deutlich zu sprechen, weil ich wusste, dass andere Kolleginnen und Kollegen meinen Funkspruch hören würden, und hoffte, nicht ins Stottern zu geraten.

»Einen Roller?!«, klang die erstaunte Stimme des Kollegen aus dem Funkgerät. Ich sah hilfesuchend zu Fabian, der ein breites Grinsen im Gesicht hatte.

»Einen Moment«, sagte ich irritiert und ließ die Taste des Funkgerätes los.

»Was meint er?«, fragte ich.

Fabian bemühte sich um ein ernstes Gesicht.

»Wir brauchen die Rolle! So nennen wir den Abschleppwagen. Macht nix, Lana, sag es einfach noch mal.«

»Wir brauchen die ROL-LE.« Ich artikulierte jede Silbe mit großer Sorgfalt und bemühte mich, es so wirken zu lassen, als hätte ich mich bloß kurz versprochen. »In Ordnung«, tönte es aus dem Funkgerät.

Spezialbezeichnungen sind besonders wichtig, sie können nicht mal auf die Schnelle gegoogelt werden. Auch wenn das Funken für mich zu Beginn herausfordernd war, ließen mich die Kollegen nie hängen. Manchmal, wenn wir spätnachts unterwegs waren und ich keinen geraden Satz mehr herausbekam, unterstützten die erfahrenen Kolleginnen und Kollegen mich so viel wie möglich. In dieser Zeit machte ich zum ersten Mal in meinem Leben die Erfahrung, wie es sich anfühlte, Teil eines Teams zu sein, wo einer für die andere einsteht. Es zählt nicht, wie stark oder wie groß jeder oder jede Einzelne ist. Es ist viel wichtiger, dass man sich im Ernstfall hundertprozentig auf die Kolleginnen und Kollegen verlassen kann. Auch die anderen wussten, dass sie sich auf mich verlassen konnten.

Fabian und ich wurden an einem Tag zu einem Einsatz in einem Café gerufen. »Randalierende Person«, hieß es. Als wir vor dem Café parkten, flog ein Stuhl aus der Tür und landete krachend auf dem Bürgersteig. Mehrere Funkwagen waren auf dem Weg zum Einsatzort, aber wir waren die Ersten.

Der Randalierer entpuppte sich als hünenhafter Mann, der dabei war, das gesamte Mobiliar zu zerlegen.

»Hallo«, sagte Fabian, »die Polizei. Kommen Sie bitte mit uns raus.«

Der Mann sah uns an, aber er blieb dort stehen, wo er war. Deeskalieren, dachte ich, sah ihn freundlich an und wiederholte unsere Bitte. Vielleicht hatte er Fabian nicht verstanden, vielleicht war er alkoholisiert oder hatte Drogen konsumiert. Als er immer noch nicht reagierte, stellten wir uns rechts und links von ihm auf und griffen nach seinen Armen. Oha, was für ein Umfang! Der Mann hatte einen Bizeps, der so groß war wie mein Oberschenkel. Er war ein Muskelberg. Fabian begriff es im selben Moment, als er den anderen Arm hielt. Wir sahen uns kurz in die Augen und führten den Mann sanft Richtung Ausgang, froh darüber, dass er sich in diesem Moment kooperativ zeigte. Als wir aus der Tür des Cafés auf den Bürgersteig traten, traf die Verstärkung ein. Plötzlich holte der Mann ohne erkennbaren Grund zum Schlag gegen den Kollegen aus, und ich wusste, jetzt mussten wir ihn zu Boden bringen, denn im Stand würde er sich nicht beruhigen lassen. Er war größer als wir alle. Ich schätzte ihn auf einen Meter fünfundneunzig, mindestens, wenn er nicht sogar zwei Meter groß war, und dabei wog er wahrscheinlich über einhundertzwanzig Kilo.

Er schlug mit seinen imposanten Armen um sich und das Funkgerät eines Kollegen segelte in hohem Bogen auf den Asphalt. Zwei weitere Wagen hielten mit Blaulicht vor dem Café, rundherum standen Passantinnen und Passanten und schauten neugierig zu. Wir waren mittlerweile zu acht an dem Mann dran, der um sich schlug, während er uns anschrie, und sogar in dieser Überzahl hatten wir große Mühe, ihn zu Boden zu bringen. Gemeinsam versuchten wir, ihm die Handfesseln anzulegen, aber er machte die Arme steif wie Eisenträger, bäumte sich auf und trat um sich. Ich wich aus, wo ich konnte, und versuchte festzuhalten, was mir an Gliedmaßen entgegenflog. Die Herausforderung bei solchen Einsätzen ist, dass man es mit jemandem zu tun hat, der alle Kraft einsetzt und keine Hemmungen hat, die Polizistinnen und Polizisten zu verletzen, während wir selbst im größten Chaos darauf achten müssen, niemandem Schaden zuzufügen. Schließlich gelang es uns, die Handfesseln anzulegen.

Ich sammelte das Funkgerät und ein paar andere Kleinigkeiten ein, die nicht in die Finger von Umstehenden geraten sollten. Der

Mann am Boden stieß wüste Flüche in bulgarischer Sprache aus und zerrte an seinen metallenen Handfesseln, aber wir hatten die Lage im Griff.

Ich atmete durch und stellte fest, dass ich keine Sekunde lang Angst verspürt hatte. Ich erinnerte mich daran zurück, wie ich mich als kleines Mädchen in Aserbaidschan häufig mit meinen Cousins gebalgt hatte, so wild, dass meine Mutter noch heute den Kopf darüber schüttelt, wie jungenhaft ich mich in ihren Augen benahm. Während meiner ersten Zeit in Deutschland hatte ich diese Unerschrockenheit verloren, doch jetzt war sie wieder da. Gewalttätige Personen schüchterten mich nicht mehr ein. Dass ich im Angesicht drohender Gewalt in Panik geriet, lag hinter mir. Es war eine andere Lana gewesen, die sich von Mitschülerinnen an die Wand hatte drücken lassen. Jetzt war ich Polizeikommissarin. Ich war stark. Und ich war nicht mehr allein.

EPILOG

Als ich mein erstes Gehalt bekam, richtete ich noch am selben Tag einen Dauerauftrag für die Miete unserer Wohnung ein. Mein Vater sagte, das sei nicht nötig, aber mich machte es stolz und froh. Ich hatte lange darauf hingearbeitet und es bedeutete mir viel, endlich für meine Eltern sorgen zu können.

Nach qualvollen Monaten der Chemotherapie erfuhren wir von den Ärztinnen und Ärzten, dass der Kampf gegen den Krebs vorerst gewonnen war. Mein Vater erholte sich langsam, doch die Krankheit hatte ihn gezeichnet. Seine Hüfte war durch einen Tumor so stark geschädigt, dass er beim Laufen ständige Schmerzen verspürte, und oft war ich den Tränen nahe, wenn ich ihn im Fahrradladen stehen sah. Vor Kurzem hat er sich einer Hüftoperation unterzogen und ich bete, dass damit die Schmerzen ein Ende finden.

Ich wünsche mir, dass es meine Eltern irgendwann leichter haben. Irgendwann sollen sie aus der zu kleinen Neuköllner Altbauwohnung ausziehen, bei der ich mich immer geschämt habe, Freunde einzuladen. Ich möchte, dass sie in einer Wohnung leben, die hell und warm ist.

Ich bin inzwischen Beamtin auf Lebenszeit. Oft begegne ich auf der Straße jungen Frauen oder Männern, die nicht in Deutschland geboren wurden. Ihre Familien stammen aus dem Nahen Osten, aus Syrien, aus der Türkei. Immer wieder werde ich im Dienst von jungen Menschen angesprochen, die mir von ihrem Wunsch erzählen, den Polizeiberuf zu erlernen. Sie stellen mir Fragen und vertrauen mir ihre Zweifel an. Ich rate den Frauen und Männern, an sich selbst zu glauben und es zu versuchen. Ich erzähle ihnen meine Geschichte, um ihnen Mut zu machen. Am meisten freut es mich, wenn junge Frauen ganz selbstverständlich davon ausgehen, dass sie jeden Beruf erlernen können, den sie interessant finden. Neulich begegnete ich einem kleinen türkischen Mädchen, acht oder neun Jahre alt, die mit ihrer Mutter unterwegs war.

»Ich kenne dich!«, rief sie und strahlte mich mit großen Augen an. »Du bist Lana von der Polizei!« Und dann sagte sie mit der größten Selbstsicherheit, die man sich nur vorstellen kann: »Wenn ich groß bin, werde ich auch Polizistin.«

DANKSAGUNG

Danke Papa und Mama für das Leben, das ihr mir geschenkt habt. Ihr habt in einem fremden Land unter vielen Herausforderungen einen Neuanfang gemacht. Dieses fremde Land wurde zu meiner zweiten Heimat, es hat mich zu der Frau geformt, die ich heute bin. Heute akzeptiert und liebt ihr mich, genauso wie ich bin.

Danke für alles.

Sevana, ich weiß, dass ich immer auf dich zählen kann. Ich bin sehr stolz auf dich, da du deinen Lebensweg so mutig und zielstrebig gehst. Du bist nicht nur meine Schwester, sondern auch meine beste Freundin. Danke dafür!

Danke allen, die uns vorurteilslos begegnet sind und uns unterstützend auf unserem Weg begleitet haben.

Danke an meine Kolleg*innen, die mich herzlich in die Dienstgruppe aufgenommen haben. In einem Bezirk wie Neukölln ist die Polizeiarbeit nicht leicht und trotzdem begegnet ihr den Bürger*innen immer offen. Ihr zeigt so viel Herz und Hilfsbereitschaft und verliert nie euren Humor. Danke für eure Arbeit!